U0691179

教育与教学管理研究

赵 咏 著

吉林文史出版社

图书在版编目（CIP）数据

教育与教学管理研究 / 赵咏著. -- 长春 ： 吉林文
史出版社，2023.9
ISBN 978-7-5472-9842-8

Ⅰ．①教… Ⅱ．①赵… Ⅲ．①中学－教育管理－研究
Ⅳ．①G637.3

中国国家版本馆CIP数据核字（2023）第186332号

JIAOYU YU JIAOXUE GUANLI YANJIU

教育与教学管理研究

著　　者 / 赵　咏

责任编辑 / 张焱乔

出版发行 / 吉林文史出版社

地址邮编 / 吉林省长春市福祉大路5788号 （130117）

邮购电话 / 0431-81629359　81629374

印　　刷 / 吉林省优视印务有限公司

开　　本 / 787mm×1092mm　1/16

字　　数 / 250千字

印　　张 / 11.5

版　　次 / 2023年9月第1版

印　　次 / 2023年9月第1次印刷

书　　号 / ISBN 978-7-5472-9842-8

定　　价 / 78.00元

前　言

　　社会根据受教育程度选拔人才，人通过受教育实现社会地位的变迁。教育伴随着人类社会的产生而产生，随着人类社会的发展而发展，与人类社会共始终。因此，研究教育教学管理的课题，不只是当前教育领域应对所面临巨大挑战的需要，更是关系到后代子孙绵延与文化传承的大事。

　　教育教学管理工作一直是我国教育领域的核心工作内容之一，是我国实施学校素质教育战略的主要途径。教育教学管理能决定人才素质培养的最终目标和培养效果。正因如此，我国教育领域需要培养一批高素质、专业知识强，且创新能力突出的教育教学管理人才，只有这样，各级各类学校的素质培养战略才能更好地实施并发挥出应有的教育效果。

　　对学校而言，应根据岗位需求，创建一支专业素质高、人员稳定的教学管理队伍，并有计划、有组织地安排教学管理岗位培训，让尽可能多的教师掌握教学管理的基本理论知识和教育教学管理技能，全面提升教师教育教学管理素质的综合水平。

　　由于作者水平有限，书中不足之处在所难免，恳请各位读者、专家不吝赐教。

目　录

第一章　概论

第一节　教育

一、教育的概述

1. 定义

"教育"是指以知识为工具教会他人思考的过程。受教育者应该学会思考如何利用自身所拥有的优势创造更多的社会财富，实现自我价值。

在教育学界，关于"教育"的定义多种多样，可谓仁者见仁、智者见智。一般来说，人们是从两个不同的角度给"教育"下定义的，一个是社会的角度，另一个是个体的角度。我国一般是从社会的角度给"教育"下定义的，而英美国家的教育学家一般是从个体的角度给"教育"下定义的。从社会的角度来看，可以把"教育"的定义区分为不同的层次。

（1）广义的：凡是能增进人们的知识和技能，影响人们思想品德的活动都是教育。这种定义方式将"教育"看成整个社会系统中的一个子系统，它分配且承担着一定的社会功能。

对教育最本质的概念，就是社会对人们的知识灌输和行为指导，从而使人去改造社会。这包含两大要点：①教育的对象是人；②内容必须是良性的、有意义的。

（2）狭义的：指个体精神上的升华。这种定义方式强调社会因素对个体发展的影响。它从个体的角度来定义"教育"，往往把"教育"等同于个体的学习或发展过程。

（3）更狭义的：主要指学校教育，指教育者根据一定的社会或阶级的要求，有目的、有计划、有组织地对受教育者的身心施加影响，把他们培养成一定社会或阶级所需要的人的活动。这个主要指中国校园的应试教育。

教育是在一定的社会背景下发生的促进个体的社会化和社会的个性化的实践活动。

如果围绕教育活动的基本要素来定义，可以把教育定义为：教育是指人有意识地通过若干方法、媒介向他人传递信息，期望以此影响他人的精神世界或心理状态，帮助或阻碍他人获得某种（些）观念、素质、能力的社会活动。前者的角色称为教育者，后者的角色称为教育对象。这样的定义符合所有的人类教育活动，可以作为教育的基本定义。

当代诗人、文化学者张修林在《谈教育》一文中有如下解释：

所谓教育，应当是作为对社会文化的传授、传播。而社会文化，包括文理学科，它应当包含三个层次的内容。第一层次是指高层次文化，即抽象的、看不到存在的，比如社会心理、美学和价值；第二层次指从第一层次具体下来的，尽管看不到具体存在，但能切实感觉到它的结构与活动方式存在的，比如政权及其机构；第三层次指表面文化，即看得到又摸得到的，物品或物质的文化。简单地说，就是精神文化、精神的物化文化以及物质文化。教育的目的，说是教化育人，其实就是让人接受各种有用的知识，以期将这些知识吸收、融化，能够将其直接作用于社会，或者把这些知识作为基础，升华出新的知识，即发现和发明。前者像物理变化，接受的人如同一个盛东西的容器，接受的几种东西还是那样的几种东西，不过是换了个地方，有了些混杂，这大概就是常说的实用型人才——技术或技艺的人才；后者则类似于化学反应，已经生成了不同的、另外的东西，这类人才能够很好地掌握第一层次的文化，容易形成自己特有的治学思想、理念和方法。这就是创造型人才。一个国家和民族，在世界上的文化影响，主要就是受第一层次的文化、创造型人才的影响。人类高度发达的神经系统是教育产生和发展的物质基础和前提。它提供了感受、记忆、联想、想象、推理等完整的思维功能，使人的意识能够相互影响并得以传播。

2. 内涵

教育有广义和狭义之分。

广义的教育泛指一切有目的地影响人的身心发展的社会实践活动。

狭义的教育是指专门组织的教育，即学校教育，它不仅包括全日制的学校教育，也包括非全日制的、业余的学校教育、函授教育、刊授教育、广播学校和电视学校的教育等。

"教育"是根据一定的社会现实和未来的需要，遵循年轻一代身心发展的规律，有目的、有计划、有组织、系统地引导受教育者获得知识技能、陶冶思想品德、发展智力和体力的一种活动，以便把受教育者培养成为适应一定社会（或一定阶级）需要和促进社会发展的人。

二、教育的本质与功能

1. 本质

对教育本质的多重审视：

（1）内涵：所谓教育本质，就是指教育作为一种社会活动区别于其他社会活动的根本特征，即"教育是什么"的问题。它反映出教育活动固有的规定性及其根本特征。

（2）关于教育本质的四种观点：上层建筑说，生产力说，特殊范畴说，多重属性说。

（3）关于教育本质的第五种观点为"意识替代说"。

唐震认为，文化教育的本质可以概括为：用我们已经掌握了的关于我们的对象及对象关系的知识，教给新的个体以应对对象的方式方法。它以一种意识改变另一种意识，以意识之间的碰撞、磨合、渗透及变革为目的，是以一种意识覆盖甚至消除另一种意识的、可能令个体产生痛苦的过程。由于两个个体所面临的对象不同，从不同对象中得来的意识之间就具有差异性或冲突性，文化教育活动的受体也就具有一定的排斥性。现实社会中，人们为了减弱受体的排斥心理，采用了两种方法。一是让教育活动主要在长幼之间进行。年长者（或者先得知识者）一般居于教育者地位，年幼者（或者后得知识者）知识相对匮乏，像个白板，因而是被教育者。二是通过功利的方式加以诱导。比如古代有"学而优则仕"，今天有"知识就是财富"等教育目标的召唤，使得教育活动能够正常地开展下去。

文化教育通过改变个体的意识空间来改变个体的选择指向。人类通过文化教育增大了个体的意识空间，从而找到了教给个体选择对象的方式方法的捷径。人类的文化成果通过教育者附着在个体的意识当中，塑造了新的个体，为个体关于未来的指向提供了透视器和显微镜。

（4）人类的教育有社会性、目的性，这与动物的本能教育有本质区别。人类教育的本质是有目的地培养人的社会活动。主要表现在以下三点：第一，教育是人类所特有的社会现象；第二，教育是有意识、有目的、自觉地对受教育者进行培养；第三，教育者、受教育者及教育影响三种要素之间存在关系。

2.功能

教育功能，即指教育活动的功效和职能，就是"教育干什么"的问题。教育的功能大致可分为：个体发展功能与社会发展功能。教育的个体发展功能可分为教育的个体社会化功能与个体个性化功能两方面。社会活动的领域主要包括经济、政治和文化等方面，因而教育的社会发展功能又可分为教育的经济功能、政治功能和文化功能。

教育的主要功能是：

（1）教育的最首要功能是促进个体发展，包括个体的社会化和个性化。

（2）教育的最基础功能是影响社会人才体系的变化以及经济发展。现代社会教育的经济功能主要包括：为经济的持续稳定发展提供良好的背景；提高受教育者的潜在劳动能力；形成适应现代经济生活的观念态度和行为方式。

（3）教育的社会功能是为国家的发展培养人才，服务于国家的政治、经济、文化发展。

（4）教育的最深远功能是影响文化发展，教育不仅要传递文化，还要满足文化本身延续和更新的要求。

三、教育类型

1. 幼儿教育

幼儿教育主要指的是对 3 ～ 6 岁的幼儿所实施的教育，幼儿教育是学前教育或早期教育的后半阶段，前面与 0 ～ 3 岁的婴儿教育衔接，后面与初等教育衔接，是一个人教育与发展的重要且特殊的阶段。"重要"指的是它是一个人发展的奠基时期，许多重要能力、个性品质在这个时期形成基本特点；"特殊"指的是这个阶段是儿童身心发展从最初的不定型到基本定型，继而开始按社会需求来学习并获得发展的过渡时期。

2. 正规教育

即社会、群体或私人开设课程进行教育，受教育群体通常是年轻人。正规教育比较系统完整。正规教育体系传授理想或有价值的知识，但有时会出现滥用情况。

3. 成人教育

终身教育或成人教育在许多国家已经非常普及。成人教育经常被称为"成人学习"或"终身学习"。

成人教育的定义是：成人所进行的有系统的、持续的学习活动，目的在于促进知识、态度、价值和技巧上的改变。它从早期被认定是唯一一种扫除文盲，教导民众基本读、写、算术技能的活动，逐渐拓展为以因适应技术变迁的需要而提升个人知识能力为目的的活动。

4. 高等自学教育

是指针对在职人群因工作需要而没时间进行脱产学习，而开展的使他们在工作期间自学以通过国家统考的教育方式。

5. 开放教育

以学生和学习为中心，取消和突破了对学习者的限制和阻碍，在入学者的年龄、职业、地区等方面没有太多的限制；学生对课程选择和媒体使用有一定的自主权，在学习方式、学习进度、时间和地点等方面也可以由学生根据自身需要决定；在教学上采用面授、多媒体教材和现代信息技术手段等。

6. 远程教育

即通过互联网等方式进行授课的方式。

第二节　我国教育发展的现状

当经济全球化的趋势逐渐风靡世界，随之而来的是各个国家或者整个社会对科学技术以及信息化产业的一种深切关注，因为无论从哪一个角度来看，知识经济都已经成为当今世界经济竞争的一种代表性的表现形式，而教育事业又是知识经济发展的一种前提条件，这样的社会境况对于它既是一种挑战，又是一种机会。

在我国，对于教育的关注，似乎已经成为一个潮流性的话题。我们国家有着五千多年的文化底蕴，这就意味着，教育这一话题也有着深远的历史。随着文化的前进，教育在不断地更新变革。近些年，尤其是改革开放的四十多年里，我国的教育事业突飞猛进，与此同时，教育的制度、体制、方式等也在与时俱进。今天，我们看到的一些详细的、优质的教育方案，正是我们教育成熟的结晶，当然其中还有许多东西和要素，需要我们用很长的时间来完善，以适应这一在变化发展中前行的伟大事业。

由于社会发展背景不同，各个区域的教育状况和形式也不尽相同。以我国为例，我国古代原本没有文字，随着生产力的发展，人们开始进步，不仅出现了劳动分工，更重要的是，人们学会了用文字去记录信息，也正是文字的出现，为日益繁复的社会知识和自然知识的积累创造了有利的条件，同时也造成了产生学校的现实需要。因为人们要想掌握文字和由文字保存下来的社会经验，就需要接受专门的指导和学习，而教育的发展与改革也就随之而起。

一、我国现阶段的教育状况

在传统的教学过程中，我们通常愿意用习惯性的眼光来审视教育，认为教育之重在于"教"，所以"填鸭式教学"一时成为普遍现象。而当教育成为一种义务，在大众的生活中扮演着越来越重要的角色时，各种关于教育的言论便出现于社会舆论中。

1. 传统教育方式的发展状况

当下，我国的课堂教学模式，从小学教育到大学教育，甚至是研究生教育，虽然一直在强调启发式、研究式，但实际上主要的还是灌输式，学生在课堂上是被动的，课下是闲散的，造成了无大收获的局面。综观我国的教学发展历程，我们可以看到，虽然自主式的学习方式已经推广多年，但是传统教育模式，即填鸭式的教学模式或多或少地束缚了青年学生的创新型思维发展，大多数学生局限于传统教条式的思维，对于知识不懂得举一反三，不能够灵活运用。我国基础教育多为简单粗暴的集中式教学，并采用考试来评价学生的学习情况和学校的教育办学质量，这限制了学生自身的特质，忽略了素质教育的重要性。

在我们传统的教学过程中，课堂四十五分钟内只有老师发挥光热的身影，却没有学生的发展空间。长此以往，学生会错误地认为老师会安排好一切，他们只需原封不动地将老师所教的东西复制到自己的笔记中，从而形成一种对老师的依赖，出现这样的结果：比如，老师在进行课堂测验时，只是将自己所讲的东西进行了形式上的转变，学生却茫然不知所措，觉得这种题老师没讲过，自己不会答。

2. 区域间教育发展不平衡的问题

地区间经济状况的不同，导致各地办学条件存在较大的差异，由此造成了不同地区学生享受到的教育资源有所不同；而教师队伍的素质参差不齐，也使得学生接收到的教育信息有所不同。

二、针对我国的教育现状需要做出的改变

教育是广泛存在于人类生活中的社会现象，是有目的地培养人的社会活动。在经济改革的大背景下，教育改革也成了一种必然的趋势。教育改革开始关注个体的自身价值以及全面发展的问题，并且在现代教育的影响下，发现了传统的教学方式在教师指导和教学方式上都有一定的弊端，由此，革新教学的重要性开始凸显，也就越来越被重视。

1. 针对教学方式的改革

新课程和新教材的出现是教育改革中一个很好的举措。我们可以在新教材中找到很多具有现实意义和富有挑战性的学习素材，并且会留给学生自主创新的空间，以此类练习来锻炼学生思考创新的能力，为学生提供了探究、交流的实际操作平台，使学生将传统的理论知识以实践过程展现出来，这就尊重了学生的自主性，还给了学生学习的自由，提高了学生的学习兴趣。当今社会讲求的是全面发展的人才，这需要学生除了学习以外，还能够达到德、智、体、美、劳的全面发展，同时彰显自己的个性优点，从而既可以更好地服务于社会，也可以使个人价值得到体现。新课标的改革也正好体现了这一点。

学生才是学习的主体，如果主体失去了前进的兴趣，那么向导说再多做再多都是徒劳。要想让学生对学习感兴趣，就应该给学生自由，尊重他们。学生之间由于每个人的实际情况不同会产生差异，这一点教师在教学过程中必须注意，老师不应该只根据教学内容设计教学过程，还必须考虑到每个学生的潜在能力和知识消化能力。只有给他们以自由发挥的空间，才会使学生在某方面的突出能力显现出来，使学生受到鼓励并对学习产生兴趣，有了兴趣，学生的主观能动性才能得到加强。总而言之，兴趣是最好的老师，注重对学生兴趣的培养，是教育改革中很关键的一步。

在课堂上，老师和学生能否很好地交流也是教育改革中不可忽略的一个关键环节。课本上的东西往往只是一种范例，作为老师，应该运用一些技巧性的教学新方法来激发学生的创新思维，而学生也应积极拓展自己的知识面，无论

是在课堂内外，都应扩大自己的视野，不让自己完全被课本束缚，何况是否能将所学的东西运用到实际生活中，也是学生是否能够对所学内容进行实践创新的体现。学生应在平时的学习生活中多思多问，老师应多启发，从多种方式解决学生思想中的疑难杂症。只有学生老师共同合作，整理经验，才会得到老师的教学和学生的学习"共赢"的结果。

2. 促进不同区域教育的协调发展以及改变"教育不公平"的现状

解决教育不公平的问题，需要国家政策的扶持与帮助。在区域教育发展不平衡的问题上，政府应该加大对边远山区教育的投入力度，拉近地区间教育发展的差距，使东、西部地区以及城乡之间的教育经费投入处于一个相对协调的状态；我国财政教育支出在三级教育上人均投入相差过大，导致了教育投资内部结构的不合理，这就需要进行一定的调整；而且对于技术教育的投入也应有一定的力度，不应该只是侧重于高等教育的投入。

三、我国教育的未来发展趋势

在21世纪的今天，综合国力的较量更多体现为经济实力的较量。我们可以认识到，面对今天的信息化社会，创新型人才已经是未来教育事业发展所要培养的重要对象。创新对于任何一种事物或者机制来说，都是促使其历史车轮源源不断向前滚动的动力。

1. 发展创新型人才

在世界上，一个国家经济实力的强弱取决于其科技文化水平的高低。综观世界上的各个发达国家，发展教育已经成为它们十分重视的一项长期任务。不能否认的是，我国正处于发展的重要战略时期，大力培育创新型人才，能够为我国建设创新型国家、建立国家的创新体系以及全面建成小康社会提供坚强的人才保证和智力保障。只有提高文化水平，增强科学技术实力，我国才能够在国际竞争中脱颖而出。从一定意义上说，创新型人才正因前所未有的时代需求推进着国家的自主创新，在激烈的国际竞争中占据主导地位，实现中华民族伟大复兴的历史使命。因此,创新型人才必须是有理想、有抱负的人,必须具备良好的献身精神和进取意识、强烈的事业心和历史责任感等可贵的创新品质。只有具备了这样一种品质,我国的人才才能有为求真知、求新知而敢闯、敢试、敢冒险的大无畏勇气,才能拥有创新的强大精神动力。建设创新型国家,科技是关键,人才是核心,教育是基础。所以,发展和壮大教育事业就成了我国一项必须做好的长期工作。

2. 网络教育的发展以及多媒体的运用

如今,站在时代前沿的我们正处于一个信息技术突飞猛进的时代,网络教育走进社会大众的视野,逐渐成了未来全球化形势下一个重要的课题。我们已经明确地认识到,当人类进入网络教育时期,教育的对象、组织形式以及目的都发生了很大的变化,与此相适应的,我们所采用的教学方式也必须得到转型。只有教学方式与受教育者的接收方式相吻合,受教育者才能够得到更大的收获,获得更好的教育。21世纪是科技飞速发展、网络信息化的时代,而以网络技术和多媒体技术为核心的信息教育已成为拓展人类能力的创造性工具。近年来,多媒体在课堂教学中的使用也越来越多地受到教师的重视。由于多媒体能够形象、直观、大容量地反映教学内容的特点,课堂教学变得更加生动活泼、丰富多彩,充分调动了学生的学习兴趣,这样不仅调动学生的学习积极性,也切实提高了教育教学质量。

在当前的生活中,我们已经或多或少地接触到一些有关网络教育的知识,但我们所能认知到的只是局域性的知识,面对未来的世界,我们还需要用很长的时间去了解网络教育的深层体系,从而使我们的教育更加符合时代性的需求。

3. 发展现代教育,构建新型教学机构

所谓教育现代化,最重要的就是体现时代性。这就要求我们在教育现代化的改革过程中,严格地按照时代的特点进行改革,顺应潮流。还要求我们在改革的过程中,做到所培养的人具有现代社会所需要的素质,同时师资力量包括校长都要具有应对时代特征明显的学生的能力,做到课程和教材内容的设定更符合时代的要求和特征。

对于现代教育来说，需要的是以个人的吸收能力为基础的教育方式，即不再单单将人看作传统观念所认为的生产主体，更重要的是要发展个人的潜力，并使其得到最大限度的发挥，这是当前教育改革一个亟须解决的任务。目前世界各国在基础教育改革中普遍提出：要大力提高基础教育质量，要以培养孩子的生存能力为教育发展的基本方向，要以国际化、信息化为背景重新制定改革方略，要以培养学生的自我教育能力为教学改革的指导思想，要充分认识到教师素质是决定改革成败的关键因素。当前我国正积极推进教育现代化、信息化发展，积极倡导和探索教育转型与具体教学课程整合的教学方式，对于教育改革的成功进行，发展学生的"信息素养"，培养学生的创新精神和实践能力，促使教师树立现代教育观念，改变传统的教学机构，以及培育和创造未来教育的新型模式，都有着十分重要的现实意义。而在教育教学过程中运用现代教学技术构建新型教学机构，实现对信息技术与课程整合的探索，将是一项长期而艰难的任务。

第三节　现代教育教学管理的问题与对策

教育教学管理是现代学校管理的重要组成部分，是学校管理活动的主线的改革，其水平与质量如何，直接关系到学校的兴衰成败。

以人为中心的人本管理是教育科研管理的核心和发展方向，是塑造创新型教育者的成功妙法，是提高教师的个人水平的科学管理方法。激励是人本管理的有效方法，教育科研的管理应该是以人为本的管理。

在过去的教学管理实践中，我们积累了丰富的经验，许多经验对今天的教学管理仍有一定的借鉴意义。但随着办学规模的扩大和学校教学内容的增加，教学管理活动日益复杂，而且随着教育改革的不断发展，教学管理过程中暴露的问题也越来越多。在当前的中学教学管理中，管理者一方面要求教师和他们的学生以新课程理念实施新课程，另一方面又以传统的管理模式来管理教师，造成了较多的管理问题。

一、当前中学教学管理中存在的几个主要问题

1.重行为管理，轻知识交流传递

常规管理的组织自上而下，学校、教研组、教师之间垂直连接，下级服从上级，上级是教学行为的信息源，是下级教学措施的决策者，严格的上下级关系造成信息沟通的障碍，导致教师教学效率低，适应能力差，思想僵化。过多的层次、过死的职责、过细的职能禁锢了教师的思维，限制了教师的责任感和创造性的发挥。下级遇到难题时，不是积极地寻求解决的方案，而是简单地把问题推给上级。教师之间缺乏互动的方式难以传递信息和进行合作。

2.重数量，轻质量管理

量化管理进入学校并没有什么错，但一些学校的教学管理干部却将其发挥到了极致。评价教师的工作业绩，只看班上的优秀率、及格率、达标率，检查教师的教学态度，只看有几个学生考上了重点高中或是名牌大学。教学管理干部年终写总结，大多要数一数自己这一年组织了多少次评优课，听了多少节推广课。这些教学管理干部将不能量化的指标加以量化，将不该量化的指标也加以量化，使教师们对其管理产生了抵触情绪。

3.重视教学模式而忽略教师的个性作用

譬如在备课活动中实行统一要求，忽略了教师的个性和知识背景，忽略了不同班级的学生层次，备课中要求了解学生对旧知识的掌握情况，但忽略了教师对学生的情绪、心理、情感、态度的影响，推行统一的课堂评价标准，凡上课就用这个标准衡量。把所有教师的教学思想统一在单一的模式上面，过分重视标准规范，把教师的情感意志、道德价值观、个性能力等内在因素与教学行为分离，使教师成为用规定程序、统一标准加工学生的机器。

4.课堂教学的现状不容乐观

当前的课堂教学仍是把传授知识作为教学的主要目标，忽视学生的全面发展；重视"教"而忽视"学"，限制了学生创新精神的发展；重视学生对现成

结论的记忆，忽视学生的学习过程；重视向学生灌输知识而忽视学生的主动参与；重视教学活动的严格划一，忽视学生的创造才能和个性差异；重视认知能力的培养，而忽视合作、交往等行为的养成；重视考试的选拔功能，忽视对学生的综合评价。

5. 习本教学有待探索

在教育教学管理过程中，我们只是重视加强"教和学"的内容而忽视了"习"的重要性。老师教，学生学，至于学生究竟能把多少东西转化为自己的，无从跟踪，导致高投入低效率的结果。成绩的下降使学生出现焦虑情绪甚至自暴自弃，失去学习的信心和兴趣。

6. 教育生态环境必须重建

新课程的理念逐渐成为教学管理的主话题和教学内容的核心，与新课程相关的理论学习与实践上的成熟也逐渐形成一种气候。对学生的培育是以牺牲他们的时间、个性与兴趣为代价的，课堂过早地剥夺了学生的天性，其实质是对资源的掠夺性开发；在以知识为主导的教学中，我们淡化了对学生品德、个性心理、情感、态度、价值观的引导与教育，存在着学生知识技能与个人修养的不协调，教师人格示范与学生的人品塑造不协调等问题。"教育生态环境"中的某个环节的弱化，往往会形成"多米诺骨牌"效应，从而产生整个环境的循环性破坏，最终结果将是生态平衡失调。该问题以"重分数、轻能力，重结果、轻过程，重知识、轻人品，重功利、失远利，重个人、轻团体，重主科、轻副科"为主要表象。

二、加强教学科学管理的主要方法与对策

1. 加强对教师教学过程的监控和引导

因为教学内容、学生、社会对学生的要求在不断地发展变化，教学过程也必须随之而变。教学过程包括多个环节。在教学过程的监控和引导方面，首先要以教案为突破口，在改革教法上下功夫，体现为以学生为主体，以学生的发

展为本，帮助学生建立新的学习方式，让新思想、新观念走进课堂，注重教案的创新性。

随着课堂教学改革实践的不断深入，教学管理者应把教师的教学反思纳入教学常规管理中。具体可采取以下方式：每节课后反思，写好教学后记并附于该节教案后；每周的教研活动时间同年级组交流，讨论存在的问题及进一步改进的方法，提出自我奋斗的目标；期末将每个教师的教学后记收集起来展示评比，对教学设计有创新、有独特个人风格、关注学生个性发展的教师应予以表彰。

2. 鼓励教师实施课堂教学管理创新

在管理机制方面，课堂教学管理改革必须建立一种激励创新的机制，从而创设一个充满创新精神的教学氛围，建立鼓励教师教育创新、学生学有创新的管理制度。要想培养学生的创新精神，教师首先要有创新精神。在教学中，教师应当鼓励学生发问，任何创新都是以发问为前提的，学习前人的知识，就是要把前人走过的路通过创新过程再发现、再体验，教师要有这个意识，由已知不断引出未知，使学生每掌握一个新知识，都能得到创新精神和实践能力的培养。这也是课堂教学管理的重要任务。

在管理方法方面，课堂教学管理应提倡全过程管理，注重课堂教学的各个环节的管理，提倡全方位管理。不仅要抓"教"的管理，关注教师的教育方法、教学效果，还要抓"学"的管理，关心学生的学习方法、学习习惯以及学习效果。

3. 提高教学管理者自身的素质

作为教学管理者，不仅应有与教师职业相关的基本知识，还应具有现代管理科学知识，在有深厚知识功底的基础上提高能力。为使教学管理科学化，适应开放的学校系统，教学管理者亟须加强条件性知识的学习，掌握现代教育科学理论和管理学理论，以条件性知识为依托，增强实践性知识的学习和提升，形成自己的管理特色，提高教学管理效率。要注重提炼，及时总结实践经验并与教育科学理论相联系，以系统的教育教学理论指导今后的教学。

4. 提高教学管理者的创新性管理意识

教学的创新要求改革教学管理制度，教学创新需要有与之相匹配的教学管理制度的引导、支持和保障，而符合素质教育要求的教学管理制度又会促进和深化教师教学的创新，使教学创新不断发展。

教育思想要转变，教学活动理所当然也要转向以学习者为中心的轨道，衡量一堂好课、评价一节好课要以学习者的发展为尺度。教学管理者应以新教学观来透视、分析、管理今天的教学，规范教学行为，变革教学中不合理的思想观念和行为方式，改变教师习以为常的教学习惯。教学常规管理首先体现在依法治教上，即按照规定的计划、大纲、教材管好教学，做到科学规范。教学质量的提高以有序的管理为基础，而常规管理是有序管理的根本。

5. 真正加强对习本教学的认识并落到实处

习本教学是一种全新的教学模式，突出"习"的地位，强调"习"的重要性，是一种以学生为本的教学模式。针对在教学管理中存在的种种问题，我们的教学管理者必须从课堂教育现象出发，强调对"习得"问题的研究。目前的教学管理者大多是注重对教案和学案的研究，忽视对习案的研究。"习"是指巩固知识和技能，包含温习、实习、练习，偏重行动实践，更有利于学生的成长和发展。我们要让学生智慧地学习，教学管理者不仅要教给学生"学"的方法，还要让他们有"习"的智慧，让习本教学思想渗透在教学指导与课后巩固的整个过程中，从而形成一种全新的教学模式。

6. 构建适应学生个性化成长的教学生态环境

教学生态环境也叫教学生态场景，是区别于自然生态环境的一种教学关系与氛围。它以"能量流动、资源调配、人际协调、情绪情感塑造、品德培育"为流程，以"合作、竞争、同化、异化、蜕化"为特征。通过研究，教师把课堂还给学生，使课堂充满生命活力，形成学生主动参与、师生互动的人才培养模式；使每个教师的价值得到充分实现，使课堂成为现实社会的真实组成部分。回归生活才有生命力。学校管理的一切活动都是为了有效地实现育人的目标。

这是学校管理的基本规律之一，反映了学校内部管理工作、育人工作、学校管理目标与管理手段之间的本质关系。坚持在教学管理中强化和渗透德育，从宏观上保证教学管理与德育的有机融合，是创造良好教学生态环境最有效的途径。

一是重视合力的作用，促进教学管理中诸因素的同步协调。从合力出发，思考教学管理与德育的有机结合是领导思维科学化的基本点。这样一来，不再是将德育局限于某些活动或课程，不再是将教学看成仅仅是学校的工作，而是把校内因素与校外因素、受控因素与非受控因素、明显因素与隐蔽因素、趋同因素与冲突因素等都结合起来一并思考。这样的思考视野更广阔，角度更新颖，可运筹帷幄，使教学管理与德育在教育系统中取得优化组合的效果。譬如，教学管理作为学校管理的中心工作，受诸多因素的制约，过去人们只注意到校内因素如师资素质、教学设施、学习风气等的影响，实际上，校外因素也会对教学管理中心产生复杂的影响，如学生的社交、家庭教育等。教学管理中心还会受到受控因素的影响，如教学活动的组织、教学方法的选择等，这些因素都是围绕教学管理中心的，但也有相当多的因素具有双重性，不只属于教学范畴，如果机械地割裂开来，就事论事，不从合力角度出发，就谈不上教学管理与德育的有机结合。

二是树立全面渗透、全员参与和全程负责的意识，充分发挥各方面尤其是教师的教育优势。在教育工作中，教师是主体队伍，是教学管理与德育关系中具有交点意义的中脊。要使二者有机结合，就应当让所有教学人员都认识到自己既是教学管理者，又是德育工作者。这是保证在宏观系统中使二者有机结合的关键所在。但目前在一般情况下，教师仅重视教学，没有将德育摆到重要位置上。导致这种现象的原因很复杂，主要是对科任教师在教学管理中渗透德育能力的要求还未引起足够重视。只有注意到上述原因，使全员树立起参与意识，对教学管理与德育的关系的调控才能落在实处并显出效果。

三是找准最佳途径，将课堂教学管理作为教学管理与德育有机结合的主要渠道。引导教育工作者根据学科特点重新研究教学管理规律，考虑教学管理计划，使教书和育人在更为广泛的领域内真正统一起来并落到实处。因而应将课堂教学管理作为两者有机结合的主要渠道，片面强调某一种渠道的作用的做法都是不足取的。

　　四是提高教师教学育人的能力，这是增强教学管理中德育实效的关键。教师应具有丰富的知识，首先是具有本学科系统知识，熟悉和掌握教材的知识体系和结构，把握其中丰富的思想内涵；其次是具有本学科学科史知识；此外还要有其他学科的广泛知识，且能触类旁通，信手拈来，为教育所用。教师要采撷各种思想的花朵充实课堂教育，使德育丰富多彩，富有魅力。

　　五是教师要具有一定的思想道德修养和认识能力。教师要具备优良的品德和健康的意识，以向上的情绪、优良的品质、健康的情感去影响学生。因此，教师不仅要有政治理论知识修养，还必须具有运用这种理论去分析、认识、解决问题的能力，只有如此，才能辨识、挖掘教材中的教育因素，深刻地理解它，正确地把握它，准确地阐释和讲授它。

　　如何进行教育教学管理改革，使教育教学管理更好地促进教师、学生的发展，是教学管理者们必须思考的问题。教育教学管理是现代学校管理的重要组成部分，其水平与质量如何，直接关系到学校的兴衰成败。提高学校教育教学管理的质量和水平在中学管理工作中显得十分重要。

第二章 教育管理

第一节 教育管理学概述

教育管理学是研究教育管理过程及其规律的科学。按照教育管理对象的特点，其有广义和狭义之分。广义教育管理学，是以整个国家教育系统的管理为研究的对象。狭义教育管理学，是以一定类型的学校组织为研究的对象。

教育是一种社会现象，它存在于一定的社会环境之中，社会环境中各个因素对教育的存在与发展有着激励或制约的双重作用。教育管理学就是研究在什么样的社会条件下，采用什么方法能够激发教育中的激励因素，改变制约因素。在评价教育管理的质量时也是以其社会效益的大小为准绳的。

一、历史沿革

周朝时设"大司徒"统辖全国教育。汉武帝兴太学，置明师，并制定博士弟子制。王莽执政时，令天下立学官，兴乡学，以奖进教育。隋文帝诏令国子寺不隶太常，改称国子监后，设祭酒一人统辖。唐承隋制，设国子监及弘文、崇文两馆，并置馆监以统辖之。蒙古至元六年（1269 年）诏令诸路设提举学校及教授官。至元二十四年（1287 年）又设江南各路儒学提举司。清初恢复国子监制，并设各省学道，后又改为提道政。清末设立学部，把国子监所管事务并入学部。辛亥革命后，改学部为教育部。1949 年中华人民共和国成立后，设教育部管理全国教育。

1862 年（同治元年）到 1898 年（光绪二十四年）间，我国创办了一批学校，如同文馆、方言馆、北洋中西学堂和上海的南洋公学等。这些学校的外籍教员不同程度地采用和传播了国外学校管理的思想、理论、制度和方法。此前，我国出版有外籍传教士编写的有关西洋各国教育制度、学校制度的读物，如德国同善会传教士范之安的《德国学校论略》和英国浸信会传教士李提摩太的《七国新学备要》。

1898 年光绪下诏变法，明令兼习中西学术，并开办官书局印行"中外要书"，编译出版了较多学校管理方面的书籍，其中田中敬一编、周家树译的《学校管理法》，邵羲译著的《学校管理法问答》等较为流行。

张百熙、荣庆、张之洞等人在《学务纲要》中就有"学堂所重，不仅在教员，犹在有管理学堂之人，必须有明于教授法、管理法者实心从事其间，未办者方能开办，已办者方能得法；否则成效难期，且滋流弊"的规定。并要求没有条件到国外考察学习的偏远地方，广购已编译出版的教育学、学校管理法、教育行政法等丛书进行学习，以提高办学的规范性和办学的效益。由于张百熙等人的倡导，一些地方的学务官员则明令下属学堂的监督、堂长、董事对《学校管理法》《学校卫生学》之类的书籍，"逐日点读，日以五页为限，由查学员随时考察，如该监督、董事等文义不通，不能句读，以及毫无心得有不胜管理之任者，准商同地方官即行撤换"。

1903 年（光绪二十九年）张百熙等人在奏定学堂章程规定中师范学堂为两级制，即初级师范学堂和优级师范学堂。奏定初级师范学堂章程所设的课程中，包含教育管理的课程，其中，教育法令和学校管理法两科是我国教育管理学科最初的形态。奏定优级师范学堂章程所设的课程中，也有学校卫生和教育法令两科。1906 年（光绪三十二年）6 月，优级师范学堂选科简章关于本科公共必修科目中也设有学校管理法一科。当时编辑、编译出版的教育管理著作也有所增多。

1912 年至 1921 年，教育部公布的高等师范学校课程标准中，科目有学校卫生、教育法令。学校卫生、教育法令两科在当时高等师范学校本科各部（即各系）作为必修的公共课程。这个阶段是我国早期师范教育的一个兴盛时期，作为师范学校的专业必修课和公共必修课的教育管理类课程也得到了重视。

1922年至1929年，随着师范教育制度的变化，教育管理类课程在师范学校课程体系中也出现了一些变化，比如，有的六年制师范学校将课程设置中的教育管理课程称为"小学校行政"，有的称为"学校行政及组织"，有的称为"学校管理"。在师范学校进行较大调整后，因没有被调整和合并而唯一保留下来的北京师范大学教育系，在为各系开设的公共课程中仍将"教育行政"一科作为四年级的必修课程。

二、研究内容

1. 学科内容

主要研究学校、教育机构以及非营利性教育组织的管理，认识教育系统及其政策，提升管理者的认识水平以及管理能力。

研究的内容有：①教育领导的作用、特征、原则、活动和评价；②教育立法；③教育目的和方针政策的制定与实施；④教育制度；⑤教育行政组织；⑥教育指导的意义、目的、任务、制度、活动、原则和方法；⑦对教育人员的要求、培训和成绩评定；⑧教育经费的管理；⑨学校工作的具体管理，包括思想政治工作、教学、科研、生产劳动、体育卫生、人事、保卫、总务、财务、图书仪器、与社会联系、与家长联系等项工作的管理，还包括学校的性质、任务、领导体制、组织机构、学校规划、科学管理、工作原则与方法等。

2. 学科性质

（1）教育管理学是一门社会学科。

（2）教育管理学是教育科学的组成部分，又是管理科学的一个分支。

（3）教育管理学具有文化性。

3. 与其他学科的关系

教育科学是研究教育现象及其规律的科学。教育科学研究的范围十分广泛，如社会环境与教育环境、教育目标、教育对象等。当这些教育因素各自处于孤立的状态时，它们形成不了教育过程，更达不到教育的预期目标。教育管理学就是研究对影响教育质量和效益的诸因素如何进行组合。因此教育管理学就成为教育科学中一个重要的组成部分。

为什么说教育管理学是管理科学的一个分支呢？因为管理是人类社会特有的一种现象，它存于社会生活的各个领域。管理科学就是研究管理这种活动，适合于社会生活的一切领域，其中也包括教育领域。但是教育管理又有自己的特点，它不同于其他行业和部门的管理。教育管理学就是把教育和管理结合起来，研究如何按照教育的客观规律来管理教育，对影响教育质量和效益的各个要素进行规划、组织、指导、协调和控制。

4. 学科特点

（1）教育管理学是增长智慧的科学。
（2）教育管理学是富有挑战性的科学。
（3）教育管理学是具有社会价值的科学。
（4）教育管理学是权变性的科学。
（5）教育管理学是行动的科学。

三、研究方法

关于教育管理的研究方法，实际上也是见仁见智的问题，迄今并没有一个绝对理想的分类。不过一般而言，以下几种方法是值得推荐的。

1. 文献分析法

很多教育管理学著作都把文献分析作为教育管理研究最基本的方法之一。的确，除了直接来自实践的第一手材料外，许多研究必须通过文献的搜集、整理和分析来进行。这样一种方法就其形式渊源来讲，主要源自历史的研究，后者以分析大量翔实的史料为基本的研究手段。文献调查法研究成本较低，能对研究者无法直接参与的事件进行研究。但这一方法也有其不足之处，主要表现为对文献的准确性、可信度及代表性不易把握；有些资料因条件所限不易查询；

有些原始资料与当事人的政治态度、个人偏好等个人因素夹杂在一起，而非客观中立的事件报道，因而要求研究者有较强的知识基础和判断能力。

2. 问卷调查法

问卷调查在教育管理研究过程中运用得非常普遍，特别是 20 世纪 50 年代行为科学兴起以后，这一方法被大量运用在分析各类教育管理问题上。问卷调查方法一般的过程是：确定研究主题→编制问卷项目→选取样本→小范围预测→实施调查→统计调查资料→讨论分析→提出建议。适当采用这类方法，对于增进教育管理研究的科学性有着明显的意义。问卷调查的难处在于：设计有较强信度和效度的问卷不太容易，研究成本较高，所费时间较长，研究者须掌握一定统计学方面的知识。

3. 访谈调查法

访谈调查就是通过访问者与被访问者的对话来获得所需信息，这种方法在教育管理研究中有极高的价值，特别在有关教育政策和学校管理的研究方面。访谈调查法的优点在于具有广泛的适应性，几乎任何研究课题都可以运用这种方法；通过这一方法还能了解到问卷调查法难以反映的一些深层次问题。访谈调查法的局限在于需花费较多时间，而且研究者的主观倾向较重，有时难免夹杂个人的主观偏见，影响了研究的客观性和公正性。

4. 实验研究法

这一方法的特点是：

（1）至少有一个变量，而且这个变量可以由研究者人为地加以控制和改变；

（2）主要用于揭示变量之间的因果关系；

（3）研究时通常要将有控制的事实和对象的情况与没有控制的事实和对象的情况进行比较；

（4）实验过程要求有假设、验证，有较严格的操作规则，有科学的测量手段；

（5）实验结果可以重复，即只要条件相同，任何人都可以重复这一实验。

与其他研究方法相比，教育管理领域的实验研究难度较高，这可能跟教育管理所涉及的因素复杂多变、难以控制，且有高度的政策导向等因素有关。不过，也并不是没有这方面的成功例子，如 20 世纪 30 年代末美国管理心理学家莱温在学校进行的关于领导风格类型的研究，通过研究，他得出了不同的领导风格会对群体行为和团体效率产生不同影响的结论，该研究对战后领导科学的发展产生了深远的影响。实验研究较适合的是小范围且目标比较单一的情况，如学校的班级管理、师生间的互动关系等。

5. 人种学研究法

这一方法是从人类学研究中演变而来的，它特别强调在自然状态下的观察、描述和定性判断，而不看重假设或坚实的理论基础，与我们平时所讲的自然观察法有点相似。如要研究一所民办学校的教学和管理情况，一位中学校长的行政决策过程，以及一个地区的教育体制改革现状，都可以采用这种方法。目前有些教育管理专业的研究生已在尝试运用这种方法撰写毕业论文，这是一个十分可喜的现象，反映了我国教育管理研究方法正在日趋丰富和完善。

6. 比较研究法

比较研究法是人们认识客观事物的一种重要方法，在教育管理研究中经常要用到。像在教育政策、教育管理体制、教学管理形式等问题上，很多人都喜欢进行比较研究。比较法的形式很多，有纵向比较、横向比较，有校与校的比较、地区甚至国家间的比较。就其意义而言，比较研究能扩大研究者的视野，加深对所要研究的问题的认识；跨国家、跨文化之间的比较研究，还能增进对未来教育管理发展趋势的认识。

7. 行动研究法

行动研究从性质上讲属于应用研究，因为其研究指向非常明确，就是为帮助基层人员解决实际问题。这一方法的特点是有很强的实用性，它不关心研究成果的普遍意义，故对研究条件的要求不那么苛刻，也并不要求理论基础非常成熟。行动研究通常规模较小，大都以集体合作形式进行，在研究中特别看重对原计划的及时评估和修正。

在教育管理领域，行动研究法在学校资源管理、课程管理、德育管理、学校效能提高等方面都可以被采纳。这种方法如能运用得好，不但能解决实际问题，也能促进理论与实际的结合，还能提高教师的专业素养和研究能力，所以有的学者认为这也是一种极佳的训练教师科研能力的方法。

第二节　教育管理研究理论思维

教育管理研究理论思维范式是从事教育管理活动或教育管理研究的人在对教育管理现象或教育管理问题进行研究时，头脑中对于科学研究所秉持的共有的研究观念、研究方式、方法或研究程序、路径等的总称。教育管理研究理论思维范式的主要特点在于：首先，教育管理研究理论思维范式是与从事教育管理研究的"科学共同体"联系在一起的，即教育管理研究理论思维范式反映的是从事教育管理研究的一类人在理论研究中对于理论思维活动的共同看法、观点、观念及所采用的模式、方式、方法等，其群体性主要体现在教育管理范围内的研究者之中；其次，教育管理研究理论思维范式更多的是体现教育管理研究中在思维者反映出来的观念、方式、方法等所构建起的对于教育管理理论的思维模式，这种模式更多地趋向于具有一定的条理性、逻辑性和系统性特征；最后，教育管理研究理论思维范式在教育管理研究中具有稳定性特征，即它在教育管理研究中是研究者共同遵循的一种理论研究观或研究模式，存在于"共同体"的内在思维观中，自觉地对科学研究起指导作用，它在人的头脑中一旦形成就很难轻易被改变。

一、教育管理研究理论思维的基础条件

教育管理研究理论思维的基础条件包括：教育管理研究理论思维的知识基础和教育管理研究理论思维的价值立场。

1.教育管理研究理论思维的知识基础

哲学知识、教育管理知识和一般的知识是教育管理研究理论思维的三大知识基础，也构成了教育管理研究理论思维的知识体系。教育管理研究理论思维的知识应该在教育管理学科范围内，能够促使教育管理研究者在对教育管理的理论与实践的认知过程中形成系统、科学、全面的理论化体系。教育管理研究理论思维的知识或许可以围绕这三个基础来进行完善与整合，它们是教育管理研究理论思维主要的知识来源。这要求研究者在教育管理的研究中不仅要具备一定的哲学基础，能够从本体论、认识论、价值论等方面来分析理论问题，还要以教育管理学科本身的知识为自己的研究对象，研究教育管理学的知识，更不能忽视对于一般知识的学习和积累。这三个层次的知识构成了教育管理研究理论思维的知识基础。以哪种知识基础来对教育管理研究进行理论思维的问题，从两个层面对教育管理研究理论思维提出了知识要求：其一，从事教育管理研究的研究者本身所应该具备的知识或知识体系；其二，从事教育管理研究的研究者所应该具备的教育管理学科知识或知识体系。只有研究主体和研究客体具备了相关的知识或知识体系，才能在此基础上形成关于知识的理论思维，教育管理研究理论思维也只有具备了以上两个方面的条件，才能形成自身的知识基础。这样理解这一问题，是由教育管理研究与理论思维的内在特殊联系所决定的。

首先，思维（也包含理论思维）一直是传统哲学的研究对象，哲学与思维相伴而生，有着密切的联系，因此，要想对理论思维有清晰的理解，应借助哲学知识来思考要研究的问题，用哲学思维考察所要研究的对象，这样能够帮助我们在学科范围内进行科学思考。学界普遍认为，哲学思维和科学思维构成了理论思维的两大基本形态，而在科学研究中常常注重用哲学思维来思考科学问题，对于理论思维的研究也是如此。本体论问题、认识论问题、价值论问题是哲学知识主要的组成部分，它们构筑出了一个较完整的理论哲学体系，为科学研究提供了一种科学的方法。随着知识的不断积累，理论思维的不断深入，哲学思维介入科学思维的研究领域成了必要且可能，用哲学思维的知识成果来回答科学思维提出的问题成了迫切的要求。自然，哲学知识就成了科学研究所必须具备的基础知识之一。教育管理研究理论思维需要用哲学认识论的知识来回答教育管理研究领域提出的科学问题，因此，哲学知识构成了教育管理研究理论思维的知识基础之一。

其次，教育管理知识是教育管理研究理论思维的核心。对教育管理进行理论思维研究活动，就是要在教育管理学科范围内进行理性的认识和思考，进而形成理论成果，因此，这就需要研究者在进行教育管理的研究时，首先要具备教育管理知识，其次要懂得教育管理知识，这是进行理论思维活动客观而必要的要求。只有具备且懂得教育管理知识，才能保证在对教育管理进行理论思维研究活动时的科学性和专业性。研究者围绕教育管理知识进行科学的研究，成了整个理论思维活动的主要内容，只有围绕教育管理知识进行思维活动才能在真正意义上形成具有科学性且学科特征明显的理论成果。有研究认为，对教育管理进行科学研究和理性的思维活动需要具备以下教育管理知识：教育管理学知识、教育行政学知识、教育政策学知识、教育法学知识、教育督导学知识、教育效能学知识、学校管理学知识、教育组织行为学知识、教育评价学知识、教育财政学知识、教育统计学知识等。除此之外，与教育管理知识相关的教育学知识、教育心理学知识、教育史知识、德育论知识等同样对在教育管理研究时进行理论思维活动有着重要的作用。立足教育管理知识对教育管理开展研究是进行理论思维的核心内容。

最后，一般的知识成为教育管理研究理论思维活动必要且充分的条件。研究表明，如果哲学知识从抽象的高度概括出教育管理研究所应该具备的理论高度，教育管理知识从专业的层面论证了教育管理研究所应该具备的理论深度，那么，一般的知识则从普通的层面丰富和发展了教育管理理论思维的知识储备，扩大了教育管理研究进行理论思维活动时的知识视域。

它不仅能够弥补哲学知识和教育管理知识在进行理论思维活动时的知识欠缺，而且能够帮助研究者认识到自身在进行教育管理研究时的知识"盲区"，从而开拓理论思维的视域边界，为更好地进行教育管理理论思维活动提供更为丰富的知识成果，它是教育管理研究进行理论思维的有益补充。

2.教育管理研究理论思维的价值立场

在教育管理研究中对于理论思维的价值考察，不仅解决的是教育管理研究理论思维到底是什么，应该是什么的问题——因为认识本体本身就是寻求它存在的价值，更反映了透过理论思维活动对教育管理进行研究活动的最终目的，即解决理论思维活动对教育管理研究会产生何种作用，它实际又是什么的问题。这最终会统一于教育管理研究理论思维到底追求什么的价值问题上来。教育管理研究理论思维追求的不仅是对教育管理进行认识，更重要的是通过认识活动实现对教育管理理论认识的创新。这大体上反映出在教育管理研究中对理论思维的价值立场存在两种不同的取向：理论取向和非理论取向（或称实践取向）。

以理论取向为主的教育管理研究，是一种把对理论的思维作为教育管理研究中主要思考对象和内容的研究方式，这种研究主张在教育管理中偏向理论思维，通过理论的研究，建构理论体系，依靠理论来解决实践中的问题，以此来提高理论研究水平，改变教育管理实践状况。以理论取向为主的教育管理研究把对教育管理基本理论的研究作为研究活动的重心，这些研究包括教育管理学的产生和发展、教育管理研究对象、教育管理学科体系、教育管理研究方法、教育管理理论研究、教育管理哲学、教育管理心理学研究等内容。例如，孙绵涛教授长期致力于教育管理理论的研究工作，为我国的教育管理理论研究的实践活动做出了努力，不仅出版了一批有影响力的理论著作，而且为教育管理理论体系的构建做出了新的探索和尝试。在著作方面，《教育管理学》对中国主题教育管理理论学派的形成进行了有益探索和重大理论创新；《教育管理哲学——现代教育管理观引论》对于教育管理中重大的哲学观问题，从教育管理本体观、价值观、实践观、质量观的角度进行了理论阐释；《教育管理原理》对教育管理的基本理论问题进行了研究；《教育行政学》对教育行政中的组织与运作、领导与效能的研究，从组织、人事、工作、效能几个方面做出了理论探讨；《教育政策学》对教育管理政策的制定、执行、评价、分析等政策理论问题进行研究，构建了独特的理论体系；《中国教育体制论》更是以独特的视角对中国的教育体制进行了系统的理论分析，为我国教育改革的实践活动提供了理论支撑；《西方当代教育管理理论流派》针对理论研究中典型的教育管理理论流派，在国际的视野下作出了自己的理论概括和分析，是对国外教育管理理论思想的介绍和引入，丰富了我国的教育管理理论的知识论基础，为研究提供了很好的理论借鉴；《教育效能论》较早对西方教育效能理论进行了研究和引介，是我国第一本有关教育效能的著作，为我国教育管理效能的理论研究奠定了基础。以上著作构建了较为完整、系统的主题教育管理理论观的学科理论体系。在理论体系方面，孙绵涛教授通过自己对教育管理学的认识和理解，创立了教育管理六论：教育管理学科论、教育管理活动论、教育管理体制论、教育管理机制论、教育管理观念论、教育管理人论，建立起了独特的教育管理理论范畴及理论逻辑。这一理论体系的提出"不仅对教育、教育管理领域的学科建设及改革问题有一定的价值，而且对其他社会科学和社会改革也会有一定的普适性"。

以实践取向为主的教育管理研究，是一种把实践活动作为教育管理研究中主要思考对象和内容的研究方式，这种研究主张在教育管理中偏向实践思维，面向教育实践活动，关注现实的教育活动现象，通过对现实教育实践的研究，来为教育实践中出现的问题找到解决的途径和办法，以此改变教育管理实践状况。以实践取向为主的教育管理研究较多地注重从微观的视角来对具体的教育管理问题进行研究，这些研究有从宏观的层面对教育管理中在教育行政学、教育政策学、教育法学、教育督导学等方面出现的某一具体问题进行的研究，也有从微观的层面对学校管理中出现的问题进行的研究。其中有从纵向角度对教育管理的学前教育管理问题、小学和中学教育管理问题、高等教育管理问题等的研究，也有从横向的角度对教育管理的学校教学管理、学校德育管理、学校科研管理和学校后勤管理中出现的问题进行的研究，等等。例如高洪源教授的研究多是从实践的角度出发，来对教育活动中出现的管理问题进行思考，用自己的研究来回应实践提出的要求，将实践中出现的问题作为研究对象，促进自身的研究活动，取得了丰厚的成果。在著作方面，《庙算之道：教育管理的理论与方法》是一本针对校长在日常管理实践活动中出现的管理实践问题的经验介绍和总结，尽管作者在书中对管理问题进行了适当的理论化概括，但作者的初衷是想通过对教育中"智慧经验"的介绍来为校长的管理活动提供一种借鉴，从而提高日常的教育管理效果，蕴含很强的实践性。《人才摇篮的忧思：中国教育的转机、问题与对策》则针对教育改革实践中的教育现象和教育行为所表现出的教育问题进行介绍，提出了个人对于教育政策、理论的看法，本书不是针对教育理论的著作，更多地表现为对教育实践的反思。《学校战略管理》中作者直接面向实践应用，以对实践经验和教训的剖析、对应用规范和操作技能的陈述为主体内容，通过对校长战略管理行为的经验介绍和总结，来"面向实践，说明实践；升华实践，服务实践"，等等。此外围绕教育活动中学校、校长、班级、课程等具体方面的研究，集中地体现了高洪源教授面向实践展开研究活动的特征，这反映在其相关的论文著述之中，如对于学校的研究有《如何创办特色学校》《中小学并校——政策与策略的再认识》《琐议私立学校服务对象合法权益的保护》《学校教育特色持续发展的机制》《试论提升学校组织的执行力》等；对于校长的研究有《校长应抓住根本角色》《对"校长职业化"说不》等；对于班级层面的研究有《班级管理要有利于学生个性的觉醒和发展》《小班教育——行政视角的思考》等；对于课程方面的具体研究有《课程和教学改革与学校建筑的发展》《设置和开展活动课程的几个问题》等；还有对于国外教育实践经验的介绍，有《美国教育资源共享的经验及其启示——休斯的理论观点》《美国教育中的腐败问题透析》《欧美学校微观政治研究的进展》等文章。从上述的著作和论文中大概可以窥见高洪源教授的研究趋向，那就是以面向实践应用为价值的取向，实际上这也是其对于自身学术追求的评价，"面向实践，说明实践；升华实践，服务实践"成为其对于教育管理研究学术理念的最恰当定位。

　　再如萧宗六先生对于教育管理的研究，多是从教育教学的经验中来对问题进行概括和提炼的，其对于教育管理理论的认识来源也多是从经验而来，本质上说也是一种以实践取向为主的教育管理研究。萧宗六先生在认识教育管理学时认为："像'学校管理学'这样实践性很强的应用学科，要体现中国特色，对学校管理实践起指导作用，必须从总结我国自己的管理经验入手，面对我国学校的实际，把经验条理化、系统化，上升为理论。"上述的认识反映了萧宗六先生对于教育管理学学科性质的认识和对于教育管理学研究的价值取向的看法，那就是一方面教育管理学是一门应用学科，在教育活动中实践性很强，另一方面教育管理的研究要从总结我国的管理经验入手，把经验的总结上升为系统、科学的体系，这样才能形成教育管理的理论。尽管萧宗六先生的研究多是从经验而来，但无论怎样他还是对实践中的经验做了适当的概括，为我国教育管理学的发展做出了适当的贡献，其主张面向实践的思维活动值得肯定。

从学者们对于学术的认识和研究活动中可以简单看出，面向实践的思维在我国的教育管理研究中一直受到高度的重视和提倡，需要我们继承和发扬。在我国，以实践取向为主的教育管理研究学者还有很多，这里不再一一列举。

二、教育管理研究理论思维的内容

"教育管理研究理论思维的内容"这一命题包含两个层面的内容：其一，教育管理研究"理论思维"本身的内容，如理论思维的本质、特征、要素、规律等；其二，教育管理把理论思维的对象作为理论思维活动的内容，即将"理论到底思考什么"或"理论思维的活动是什么"作为研究的内容。对于理论思维本身的研究一直以来是学者们不断探索而又没能彻底论证清楚的一个问题，学界也存在着不同的研究结论，足见该研究存在着较大的难度。与此相对应的是，把教育管理对于理论思维对象的研究作为内容来考察，则使这一命题显得浅显、直观且容易把握，而且教育管理研究理论思维对象是可以被研究的，这使得教育管理研究理论思维的内容较易被把握且具有可操作性，能够更加清晰地凸显"教育管理研究理论思维的内容"这一命题的内容。因此，这里主张把教育管理研究的对象作为理论思维的内容而不是研究理论思维本身。

理论思维的内容是理论思维研究什么的问题，教育管理研究理论思维的内容就是教育管理研究中理论思维研究什么的问题，它既是教育管理研究理论思维的对象，也是教育管理理论思维要研究的内容。学者们认为，在教育管理研究中，教育管理的活动、教育管理的现象、教育管理的问题、教育管理的过程、教育管理的特殊矛盾、教育管理的规律等方面构成了教育管理要研究的内容。教育管理研究理论思维的内容来自教育管理的实践，是研究的主体通过实践中出现的问题来对教育管理进行理论化思维。教育管理研究理论思维的内容决定着对其进行理论思维的水平程度和理论化思维的范围边界，是教育管理研究思维主体进行思维的客观性基础。研究者从不同的视角出发，来构筑教育管理研究需要理论思维的内容。就本研究而言，研究教育管理现象，揭示教育管理规律是教育管理理论思维活动的对象，也是教育管理理论思维的内容。

如果说教育管理理论思维的内容是研究教育管理现象和教育管理规律，那么，它们是否足以成为教育管理研究理论思维的内容呢？答案是肯定的。首先，教育管理现象是教育管理形态中客观存在的现象，需要认真地研究。教育管理的研究者认为，在当前的教育管理中存在着诸如教育管理矛盾、教育管理问题、教育管理活动、教育管理过程、教育管理现象等形态，这些形态的存在，既是教育管理实践中已经出现的客观存在物，又是教育管理理论研究所要思考和解决的问题，因为只有从理论层面弄清楚教育管理实践中业已存在的客观形态，才能真正地为教育管理实践活动提供指导和参考，为教育管理实践提供理论帮助。教育管理现象是教育管理实践中的一种客观形态，需要运用科学的手段对其进行认真的研究。其次，教育管理现象有特定的范畴和内在的逻辑关系，需要教育管理研究者将其作为一种科学的研究对象来进行系统的研究。在教育管理的研究中，研究者大都承认有教育管理现象的存在，也以不同的形式宣称自己对于教育管理现象的主张，然而在实际的研究中大都说得比较模糊，甚至有学者承认教育管理现象的存在，但却没能真正弄清或解释清楚何谓教育管理现象。教育管理现象真的是说不清道不明的吗？在这方面，孙绵涛教授做出了尝试和努力，他认为教育管理现象是由教育管理活动、教育管理体制、教育管理机制、教育管理观念构成的范畴体系，并且这些范畴间存在着内在的逻辑关系，这使得对于教育管理现象的研究成了一个具有系统结构和内在逻辑联系的科学体系，使得研究者较容易地理解和把握教育管理现象这一概念。但是，教育管理现象的研究不能停留在单单一个人的学术讨论之中，需要把教育管理现象作为教育管理理论思维的内容来进行全面的研究。由于教育管理现象自身研究的复杂性，需要把其作为教育管理研究理论思维的内容深入地研究。很多研究者认为教育管理现象作为科学的概念范畴说起来较为模糊，研究起来不易把握。很多时候，这是教育管理现象的复杂性所致。现在之所以出现这种认识现象，是因为对于教育管理现象的认识还不够彻底，没能加以深入的研究，这需要我们将教育管理的理论思维内容作为一项课题，进行持续的研究。

既然教育管理现象可以作为教育管理研究理论思维的内容，那么，教育管理研究理论思维的具体内容又是什么呢？这里认为，在教育管理的研究中，孙绵涛教授提出的教育管理现象理论可以成为当前解释教育管理现象的理论思维的内容，他认为教育管理现象包括教育管理活动、教育管理体制、教育管理机制、教育管理观念四个基本范畴，而教育管理研究理论思维的内容恰恰可以在以上几个范畴内展开。教育管理现象的范畴体系可以成为分析教育管理研究理论思维的内容的一种途径。

教育管理研究理论思维的内容，可以是对教育管理理论思维现象总体的思考，也可以是对教育管理理论思维现象中具体理论范畴的考察；可以是对四个基本范畴的全面论证，也可以是对单一范畴的认识活动。无论何种情况，都构成了理论思维的内容，都可能为揭示教育管理研究理论思维的规律提供帮助。

三、教育管理研究理论思维的方法

教育管理研究理论思维的方法是指针对教育管理研究而采取的具体手段、步骤，它是对教育管理理论进行研究的工具。这里认为，教育管理研究理论思维的方法具体表现为"两个阶段、三个步骤"。两个阶段是表象到抽象的阶段和抽象到具体的阶段。马克思在对一般理论思维发展道路进行科学总结时指出，理论思维存在两条发展道路，"在第一条道路上，完整的表象蒸发为抽象的规定；在第二条道路上，抽象的规定在思维行程中导致具体的再现"。马克思所提及的这两条道路事实上就是思维发展所要经历的两个阶段。在教育管理的研究中，研究者首先需要做的是大量占有感性材料，对教育管理中出现的现象或问题进行细致的认识，在全面搜集教育管理具体事实的基础上，对教育管理现象或教育管理出现的问题（或指感性的存在）进行分析，排除个别的、偶然的、现象的因素，抽出本质的、必然的、一般的因素，找出一些有决定意义的、抽象的、一般的关系，最终抽象出简单的概念、判断、推理等，进而对抽象出的概念、判断、推理进行研究；之后，教育管理的研究者在思维的能动反应的推动下，能通过从表象中抽象出的本质的、必然的、一般的因素来规定个别的、偶然的、现象的因素，完成由抽象的概念、判断、推理向具体的概念、判断、推理的转化，再现具体对象的过程。所谓三个步骤就是在教育管理研究思维的整个过程中，应按三个步骤实施：第一步，对教育管理研究中感性材料的把握，即事实材料的搜集；第二步，对教育管理研究中具体材料进行抽象，在头脑中形成概念、判断、推理；第三步，把头脑中抽象的概念、判断、推理运用到具体的教育管理研究实践中，形成对事实材料的具体再现。

简而言之，表象到抽象、抽象到具象的分析方法是理论思维活动的一般步骤，更是教育管理研究理论思维中所遵循的方式（方法）。它对指导我们的教育管理研究实践活动有着重要的方法论意义，对推动教育管理研究的发展，促进教育管理研究理论思维水平的提升有着积极的作用。

四、教育管理研究理论思维的表达形式

教育管理研究理论思维的表达是指借助教育管理研究思维方法的实践活动最终形成的成果、结论，它能把教育管理研究的思维活动内容以一定的形式直接展示出来，使得他人能够直观地明白、理解。一般情况下，思维的表达通过言语、文字、符号、工具等方式来体现，这就使思维显得具体而易于理解。对于教育管理来说，研究中最终形成的成果构成了教育管理的理论，教育管理理论是教育管理研究思维的成果，教育管理研究理论思维的表达是通过对教育管理研究中的理论成果进行言语化的概括、文字化表述、符号化象征、工具化代替来实现的。

具体而言，教育管理研究理论思维的表达形式有哪些呢？教育管理研究理

论思维是对教育管理进行的理论思维活动，教育管理研究理论思维的表达是对教育管理理论体系的表达，实际上，教育管理研究理论思维的表达形式就是对教育管理理论体系的思维表达形式。我们可借助孙绵涛教授对于理论及理论体系的理解加以阐释。教育管理理论体系有广义和狭义之分，广义的教育管理理论体系"既可以是指用语言文字对教育管理现象进行抽象而形成范畴逻辑的论文、著作和教材，或形成人物形象等的文学作品所表达的教育管理的思想体系；也可以是指用音乐符号、文字、语言、线条、声音和音响对教育管理现象进行抽象而形成某种旋律的音乐作品或形成某种形象的影视作品和舞蹈艺术所表达的教育管理的思想体系；还可以是指用图案、色彩、文字符号对教育管理现象进行抽象而形成某种艺术形象或意境的美术作品所表达的教育管理的思想体系等"。狭义的教育管理理论体系专指运用语言文字对教育管理现象进行抽象而形成的教育管理的思想体系。在这里，广义的教育管理理论体系形成了一种非理论表达形式，狭义的教育管理理论体系形成了一种理论表达形式。因此，教育管理研究理论思维的表达形式是对教育管理理论体系进行思维活动后的理论化表达形式，那么自然也就存在着广义和狭义之分。就本研究而言，是从狭义的角度来理解教育管理的理论体系，所以教育管理研究理论思维的表达形式"一方面指的是用范畴的逻辑而形成的论文、著作和教材等所表达的教育管理思想的理论体系，另一方面指的是直接用语言文字塑造某种形象或描述现象或分析问题而形成的文学作品所表达的教育管理思想的理论体系"，实际上，前者可以被简单地表述为由概念组成的范畴所形成的理论表达形式，后者则可以被通俗地理解为一种非概念的理论表达形式。

五、教育管理研究理论思维各范畴间的逻辑关系

教育管理研究理论思维既是一种对教育管理的研究行为，又是一种对教育管理的理论思维活动，无论是何种类型都有着一定的逻辑关系。探讨教育管理研究理论思维的内部逻辑关系，有助于更好地认识教育管理研究理论思维。

1. 教育管理研究理论思维的应然逻辑

教育管理研究理论思维是一种对教育管理知识和内容的理论化思维。创建科学的理论一般存在三个环节：逻辑起点、逻辑中介与逻辑终点。所谓逻辑起点，就是研究中理论体系最一般的规定性，体现为抽象的规定，是理论思维活动中最一般、最本质的范畴。将抽象的规定作为理论思维的逻辑起点，是因为对于基点的抽象而言，其抽象的程度越高，所承载的信息容量就越大，在从抽象上升到具体的过程中，就可能发展出越来越丰富、越来越具体的内容。这里认为，教育管理研究理论思维的起点源于教育管理研究方法论的差异。之所以得出这样的结论，是因为在教育管理的研究中，研究者首先要对研究对象加以选择，要先对研究对象进行分析，确定其性质、属性，之后再依据性质偏差选择研究的方法。不同的方法构成了相关研究的方法论，方法论既指导研究实践活动的开展，又支配理论思维活动的进行，因此，教育管理研究中的方法论成了逻辑思维的起点。

所谓逻辑中介是指沟通逻辑起点和逻辑终点的工具桥梁。逻辑中介既需要把具体的事物进行思维上的抽象，又需要把抽象的东西进行加工，转换为形象的事物。在这里逻辑的中介包含了两个方面的内容：一方面是作为逻辑思维的物质中介，即研究者的大脑；另一方面是逻辑的功能转换中介，即研究者大脑中的思维活动。教育管理研究思维的逻辑中介，除了上述介绍的两种方式外，还有一种在理论活动中较为明显且相对重要的中介工具，那就是对教育管理进行研究的实践中介，即教育管理研究方法。教育管理研究方法沟通教育管理研究思维与教育管理研究活动。逻辑终点是指完成思维的认识活动，达到认识客体目的的最终归宿。对于理论思维来说就是完成对事物从具象到抽象再到形象（具象）的这样一个完整的思维周期活动过程，这是形成科学理论的否定之否定的辩证发展过程，是思维主体运用思维将感性经验转化成科学理论的一般过程。这种逻辑关系应该是理论思维的主体认识，是教育管理的一种理想的理论逻辑状态。

2. 教育管理研究理论思维的实然逻辑

实然逻辑关系是从教育管理研究实际的思维状态出发的认识活动。一般在实然逻辑中具有复杂性特征，因为现实的教育管理研究思维活动或理论思维活动主要取决于研究者个体的实际思维状况。研究主体的知识差异、价值取向的不同、思维观念的不统一等因素，使得教育管理研究思维的出发点或研究趋向从一开始就不一样，因而不同的研究主体有着不同的理论思维状态。

因此，根据相关的实际研究状况，可把教育管理研究理论思维范式划分为教育管理研究理论思维的基础条件、教育管理研究理论思维的内容、教育管理研究理论思维方式（方法）、教育管理研究理论思维表达形式等范畴，这就决定了我们对于教育管理研究的实际情况的讨论是在以上范畴内进行的。孙绵涛教授曾经在讨论范畴这一概念时指出，范畴间的逻辑关系存在两种主要形式：一种是递进关系，一种是对应关系。由于教育管理研究理论思维的特殊性和复杂性，教育管理研究理论思维的实然逻辑状态表现出递进与对应兼而有之的状况。一方面，教育管理研究理论思维的递进关系反映了教育管理研究理论思维的递进活动规律。从教育管理研究理论思维活动过程上分析，首先，教育管理研究的主体依据自身的知识基础、思维状况与价值立场的相互交互活动，形成了一定的教育管理研究理论思维所需的条件基础。教育管理研究者所具备的这些基础，为对于教育管理研究理论思维内容的研究顺利展开提供了一种可能，既可以在教育管理研究思维方法的辅助下，完成对教育管理研究思维内容的研究。这种对教育管理研究进行的思维活动体现的是一种递进式的发展关系。另一方面，我们可以看出，从思维层面来考察，教育管理研究理论思维的基础条件、内容、方法、形式表达等在思维活动中相互独立，这些单独存在的不同要素，构成了思维的完整体系。教育管理研究理论思维中存在的这些范畴，每一项都可以独立作为反映教育管理研究思维内涵属性的内容存在，既反映教育管理理论，又反映教育管理研究理论思维；既反映教育管理研究理论思维的路径，又反映教育管理研究理论思维的结构。

第三节　以人为本的教育管理理念

一、以人为本的理念

伴随着我国社会主义市场经济的发展，改革开放不断深入，为了保持稳定的发展状态，党的十六届三中全会正式提出了包含"以人为本"的科学发展观，将"以人为本"作为发展的指导思想。此后，这一理念对我国社会、经济及文化的进步产生了深远的影响。而就教育来说，为了从根本上实现素质教育，我国诸多教育机构将"以人为本"作为口号，在长期实践积淀中逐渐形成了富有现代化人文色彩的教育思想。要想对"以人为本"理念在教育实践中的应用展开系统的研究，首先就需要对其内涵有一定的了解。

1. "以人为本"理念的内涵

（1）思想内涵

从根本上来看，"以人为本"的理念最早可以追溯到古希腊时期，也就是公元前五世纪，古希腊哲学家普罗泰戈拉提出了"人是万物的尺度"的命题。该命题的含义为：人既是存在者存在的尺度，同时也是不存在者不存在的尺度。该命题的出现奠定了"以人为本"理念的基础，意味着古希腊哲学家已经意识到人的重要性。

近年来，在社会经济全面发展的时代背景之下，国内外学者对"以人为本"的理念展开了十分全面的研究，并且取得了显著的研究成果。我国学者在《以人为本的理论价值与实践意义》中，站在马克思主义哲学的高度，对"以人为本"的理论价值及实践意义展开了深入的分析，并且对两者进行了系统的比较，得出的结论具有很高的科学性。另外，《西方人本主义的传统与马克思的"以人为本"的思想》的作者，结合国内外学者对"以人为本"理念的研究成果，对"以人为本"的哲学意义展开了探究。总体来说，我国学者关注"以人为本"理念的实践和应用，并且认为：以人为本是社会和国家获得可持续发展的重要前提，对各行各业都产生着很大的影响。

（2）科学内涵

综观我国各界学者对"以人为本"理念的种种解读，结合我们的探究重点，可将"以人为本"理念的含义归纳为以下几点：第一，"以人为本"理念高度肯定了人在社会发展中的重要地位，该理念将人作为核心，认为人在社会发展中起到了关键性的作用；第二，"以人为本"理念属于一种价值取向，重在强调对人的尊重、塑造和解放；第三，"以人为本"理念属于一种特殊的思维方式，要求人们在分析问题、思考问题和解决问题的过程中，高度重视人的生活世界，对人的发展予以全面的关怀。

从更加详细的视角分析，"以人为本"的理念还有三个方面的深层含义：其一，现代社会的发展应当是一种"以人为本"的发展，不应该只将物质和经济作为发展的重点，更应该重视对人本身需求的分析和满足；其二，理想社会的发展应该将大多数人的发展放在首要位置，不能片面地关注少数人的发展；第三，社会的发展应该以具有平等权利的个体为根本。实际上，社会本身就是由很多具有平等权利的个体共同构成的，国家应该切实保护所有社会成员的基本权利及合理利益。

2."以人为本"的管理理念

（1）形成

"以人为本"管理理念的形成并非一朝一夕实现的，其经历了一个较为漫长的过程。在此过程中，关于人性假设的发展经历了"经济人""社会人""自我实现人""复杂人"四个阶段。可以看出，这些反映了西方管理学界对人性认识不断深化的演进过程，揭示了人的各方面的社会心理需求对管理的影响，以及管理方式对人的影响。从人性假设的发展趋势来看，其越来越重视人性，这本质上就是一种伦理观，从人性假设理论逐渐向"人本伦理"靠拢。人本伦理——现代管理伦理中的一种新的理念，而现代企业中的人本管理是人本伦理在现代企业伦理管理中的具体表现，人本管理的一项依据便是人本伦理。以人为本是现代管理伦理的核心，人本管理把人作为最根本的组成要素，主张人既是实现组织目标的工具，更是组织发展的目的。在这里，人既是目标，更是手段。为此，组织必须充分尊重人、塑造人、培养人，给个人的发展提供广阔的天地。而以人为本又是人本管理的核心理念，在现代管理中有着举足轻重的意义。

（2）内涵

结合诸多专家学者的研究结论，"以人为本"的管理理念包括两方面的基本含义：一方面，"以人为本"的管理理念强调人在管理中的主导作用，并以此来调动人的主动性、创造性及积极性；另一方面，"以人为本"的管理理念认为将"以人为本"贯彻到管理活动当中将有助于实现组织的高效运转，进一步锻炼人的智力、技能、脑力及体力，并培养出更符合时代需求的全能型人才。具体来说，"以人为本"的管理理念包括以下五个重要的内容。

其一，对人予以高度的尊重。从"以人为本"管理理念的内涵来看，尊重人是实现以人为本管理的基础和前提。马斯洛需求层次理论也强调，人的需求主要有五个层次，其中尊重需要是最为关键的。一般来说，所谓尊重人实际上就是对人的思想、价值、需要及情感等方面予以高度的关注，尊重人的平等权利和合理需求。

其二，对人予以高度的信任。"以人为本"的管理理念认为对人的信任能够激发人的积极性，能够使人拥有更多的动力，进而提高工作的实际效率。基于这一认识，企业的管理者应该对员工予以一定的关心，将员工的需求放在心上，并通过一系列有效的措施来满足员工的合理需要，使员工感受到企业的关怀，从而更加全身心地投入工作当中。

其三，将实现人的全面发展作为管理的关键。"以人为本"的管理理念本身就将人作为管理的核心，认为对人的管理是实现"以人为本"管理的重点。

其四，将为人服务作为管理的根本任务和目标。无论对于哪一行业来说，为人服务都应该是管理的目标，企业或组织可以通过大量有效的管理措施来达成这一目标，为相关人员提供良好的管理服务，进而实现企业的稳定发展。

其五，将激励作为管理的主要手段。激励是提高员工积极性、促进生产经营效率提高的重要手段，因而对于以人为本的管理理念来说，如何实现对员工的激励将成为企业管理的重要内容。

3."以人为本"的教育管理理念

（1）内涵

将"以人为本"的管理理念应用到教育实践之中，就形成了"以人为本"的教育管理理念。结合"以人为本"管理理念的内涵，"以人为本"的教育管理理念要求坚持将"尊重人""关心人""激励人""解放人"和"发展人"作为旗帜来进行学校的种种管理活动，坚持将人作为管理的主体，全面地开发和利用学校的人力资源，促使学校的管理现状进一步好转，最终形成良好的校园管理体系。详细来说，"以人为本"的教育管理理念包含以下两层含义。

第一，"以人为本"的教育管理理念实际上就是将学生及教师的发展作为管理的根本，在此基础上展开相关的管理活动。在教育管理当中，人既是管理行为的发出者，同时也是管理的对象。可见，人在学校管理中占据着至关重要的地位。"以人为本"要求学校高度重视和尊重学生及教师的需求，尊重教师的教学习惯，并对学生的成长和发展规律予以一定的支持。

第二，"以人为本"并非一种特色，而是各个学校应该遵从的指导性原则。很长一段时间以来，由于"以人为本"思想未普及，只有少部分的学校真正意义上实现了"以人为本"的教育管理，大部分学校还处于传统的管理模式当中。正因如此，部分学校将"以人为本"当作一种可有可无的特色，并未予以重视。实践表明，这种认知是不合理的，"以人为本"的教育管理理念应当是素质教育背景下各个学校都应该遵守的管理原则。

（2）特征

强调人的重要性，将人作为管理的中心是"以人为本"教育管理理念最为显著的一个特征，这里的"人"其实是多元的，既包括管理者本身，也包括管理对象，也就是被管理者，所涉及的人包括校领导、学生、教职工、学生家长及相关的社会群众，这些人对教育管理的综合质量产生了很大的影响。另外，"以人为本"的教育管理理念还强调对人进一步发展的推动，认为促进人的发展是教育管理的关键。

结合这一系列认识，这里将"以人为本"的教育管理理念的特征总结为以下几点。

第一，"以人为本"教育管理理念从根源上改变了个人价值观的判断，提高了人在教育管理中的地位。

第二，在"以人为本"教育管理理念的作用下，学校原有的人事管理开始重视人力资源的开发，将发现人才、培养人才和利用人才作为当下人事管理工作中的重点任务。

第三，"以人为本"教育管理理念使得教育管理者自身的服务观念发生了一定的变化。时下，教育管理者在进行管理工作时，逐渐开始关注学生家长、社会各界对教育管理的要求，并采取积极的措施满足合理的要求，以此提升学校教育管理的满意度，推动学校的进步与发展。

第四，"以人为本"的教育管理理念将学校的发展目标与教职工的发展目标很好地结合在了一起，有助于营造良好的教学氛围，进而提高教职工的工作积极性。

第五，在"以人为本"教育理念的影响之下，学校真正实现了"解放人""发展人"的目标，在提高教学管理质量的同时，促进了学校综合竞争力的提高。

第四节　教育管理体制

教育管理体制是指一个国家在一定的政治、经济和文化基础上建立起来的对教育事业进行组织管理的各项制度的总和。教育管理体制是整个教育体制得以构成和运行的保障，它对学校教育管理体制改革和发展的方向、速度、规模有直接的影响。它涉及教育系统的机构设置、职责范围、隶属关系、权力划分和运行机制等方面，其外延包括以教育领导体制、办学体制和投资体制为核心的一系列教育制度。

一、改革走向

综观十余年来我国教育管理体制改革的历程，我们不难发现，它基本上是沿着三个走向展开的。

1. 重心转移

即通过权限下放，改变过去整个国家的教育活动的管理权都高度集中于中央政府和中央教育行政管理部门的状况，给予地方政府和学校更多的管理权和自主权。其重要性在于，它反映了管理权限在原有体制内从上到下的变化——只是把管理的重心由中央下移到地方各级政府和学校，而并未超出原有体制的范围。这一走向主要反映在两个方面。其一，地方各级政府对本地方教育活动的管理权限的扩大。过去，无论是学校的建设、专业的设置和学科的调整，还是课程、教材、教学大纲与教学计划的审定，包括各种教育经费的拨付与使用等，基本上都是由中央政府和中央教育行政管理部门集中统一管理，地方政府和地方教育行政管理部门的管理权限十分有限，更多的只是扮演执行者的角色。但是，这种模式不利于发挥地方办学的积极性，难以适应随着社会发展和分化而出现的不同地区之间的差异；由于信息收集和掌握上的困难，也常常影响管理的效率。为此，在教育管理体制改革中，中央政府明确规定了基础教育管理权属于地方政府所有。除了大政方针和宏观规划由中央决定外，具体政策、计划的制定和实施，以及对学校的领导、管理和检查的权力和责任，都交给了地方。其二，是扩大学校的办学自主权，尤其是高等学校。在招生、专业与系科的调整、机构的设置、干部的任免、经费的筹措与使用、职称评定、工资分配及国际交流等方面，高等院校正一步步地朝着在政府宏观管控下、面向社会自主办学的法人实体的方向发展。

2. 主体转移

即改变过去政府包揽办学的格局，逐步建立以政府办学为主体、社会各界共同办学的体制。首先是学校的举办主体由过去体制内的一元化向体制内与体制外相结合的多元化的改革。近年来，各种不同的社会力量办学的兴起，私立学校的涌现，以及与国际上有关组织机构的合作办学等，反映了教育管理体制改革中举办主体多元化的走向，并呈现出逐渐深化和扩大的趋势。其次，学校的举办者、管理者和办学者的同一也逐渐走向分离。过去，在政府包揽办学的体制中，学校的举办者、办学者和由政府任命的学校领导管理者基本上都是同一的。如今，由于出现了体制外不同的举办主体，而学校也获得了较大的自主权，便带来了三者之间的分离和差异。这有利于更好地动员各种社会资源发展教育，有利于调动办学者的积极性，但同时也向教育管理提出了挑战，增加了其难度。

3. 教育供给与需求之间由基本重合向相对分离转变

这里所讲的"教育供给"与"教育需求"分别指的是整个社会所提供的各种不同教育及其总的数量，和社会各个层面在上述种类和质量方面对教育的需求。这一走向表现为：社会的教育需求逐渐从完全由政府提供的教育供给的约束和控制中分离出来，并获得了相对的独立性，与此同时，教育供给本身也呈现出多元的状况。通过经济体制的改革和社会主义市场经济体制的建立，各个地方、各个部门初步形成了一定的利益主体，有了相应的利益驱动和约束，成为教育需求的现实主体；而劳动人事制度、工资制度、招生及毕业分配制度等改革，也使得教育，尤其是非义务阶段的各种教育，与人们的自身利益有了内在的联系，并促使个人在教育需求上有了更为实际和主动的选择。

总之，上述三个走向基本上是围绕着改变过去教育管理权限高度统一和过度集中的现象展开的。而招生和考试制度的改革、教育职称职务制度的改革，以及教育经费结构及管理的改革等，则是从不同侧面进一步具体地反映了上述三个走向。

二、问题矛盾

1. 成就

第一，由于降低了管理重心，教育活动开始与各个地区自身的实际情况和发展相结合，从而直接带来了两个好处：首先调动了地方各级政府和人们发展教育与办学的积极性，形成了教育发展的新的支持机制，扩大和增加了整个社会对教育的投入；其次，教育本身与现实的联系更为紧密，从而使教育获得了更大的社会效益。一方面，这些改革由于缩短了各种信息流动、反馈和转换的时间与空间，增加了管理的直接性和决策的针对性，在一定程度上降低了教育的管理成本和费用；另一方面，学校的布局、课程的设置、教材的选编，以及教学计划的制订等，也可比过去更好地适应本地区的要求。

第二，扩大了高等学校的办学自主权，为高等学校的深化改革创造了一定的条件，在一定程度上调动了广大教职工的积极性，增强了学校主动适应经济和社会发展的能力，促进了高校办学质量、科研水平和办学效益的提高。

第三，学校举办者的分化，以及管理者与举办者、办学者的相对分离，在一定程度上调动了更多的社会资源参与和支持办学。各种社会力量办学、私立学校的出现，以及非正规和非正式教育的兴起，已成为我国以政府为举办主体的正规学校教育的极大补充，并在一定程度上缓解了政府办学的压力，适应了现代社会中不断扩大的教育需求。与此同时，由于各种社会力量办学本身具有相对的独立性和自主性，它们在办学思想、课程设置、教学方法上的某些试验和创新，也为我国教育教学的改革和理论研究提供了十分可贵的经验。由此，一种多元化的办学格局正在逐步形成。

第四，教育需求与教育供给的相对分离，也从某些方面促进了教育的改革与发展。因各个地区和部门作为相对独立的利益主体而形成的各具特色的教育需求，以及个人在利益驱动下的不同选择，都使整个社会在量、质、类等方面对教育的需求大大增加了，并逐渐成为影响教育发展的重要力量。大量涌现的各种社会办学力量，尤其是私立学校和各地举办的非学历性高等教育，正是在这种不断膨胀的教育需求的刺激下出现的。而政府在教育上的投资取向与政策行为，也不得不更多地考虑到现实教育需求的状况与倾向。同时，这种相对分离还能够较好地为提高办学效益提供可能。因为它可以在一定程度上改变过去作为行政附属的学校的办学思路和工作逻辑，激发学校的竞争意识，从而使学校更贴近现实和适应本地区社会经济发展的要求。

2. 问题矛盾

首先，由于教育管理权限的下放和学校自主权的扩大，中央政府关于全国教育改革和发展的整体布局、规模与宏观结构的一系列方针政策与地方政府在发展地方教育、满足局部利益之间的冲突和矛盾，以及教育行政管理部门的宏观调控与学校自身利益的冲突与矛盾，正逐渐成为深化教育管理体制改革的重大课题。

其次，由于原有体制外社会力量所举办的学校、民办学校等大量涌现，如何使政府办学和非政府办学这两类具有不同资源基础的学校协调起来，并使社会主义的教育方针和各种原则、政策得以全面贯彻，也成为教育管理体制改革中面临的突出问题。

最后，由于学校举办主体的多元化和各个地区、部门与个人成为相对独立的教育需求的主体，教育供给与教育需求的相对分离也进一步增加了政府对教育宏观调控的难度，在某些层次的人才供需之间，也已经产生了矛盾和不平衡。

显然，上述种种问题的认识与解决已经成为深化教育管理体制改革的重大课题和任务。但必须指出的是，随着社会发展和教育本身在结构性实体要素、功能、资源及各种关系方面的分化，以及由分化引起的冲突，上述种种问题的出现具有一定的必然性。关键在于，我们应该客观地分析这些问题出现的社会环境，确定某些既定的外部因素，找出那些可以通过主观努力和人为因素加以调整和改变的方面，从而逐步完善我国的教育管理体制。

三、各国教育体制比较

1. 英国体制：机构少而精、法治化水平高

英国的教育管理体制从行政建制到学校内部的机构设置都崇尚少而精。就教育行政管理而言，在垂直层次上仅分为中央和市（郡）两级。中央教育行政部门为联邦教育部，直接受教育大臣领导，管理全国的教育事业。地方教育行政部门则为市（郡）教育局，接受教育部和市（郡）行政部门的领导，管理下属教育部门的事宜。就学校内部的组织机构而言，英国实行的是校董事会领导下的校长负责制，由各方代表组成的校董事会是学校的决策机构。校长是学校首席行政长官，向校董事会负责，执行校董事会的决议并主持学校的日常行政管理事务。英国的教育管理法制水平比较高，首先表现在教育法规体系非常健全，仅联邦议会颁布的全国性教育法规就有 20 多种。此外，地方议会和政府还制定了一系列教育法规、政策，几乎覆盖了教育管理领域的各个方面。其次，全民教育法制观念强。再次，政府对学校的管理行为和学校内部的管理活动明显呈现出有法可依、有章可循、按章办事、有条不紊的特点。学校的独立法人地位相当明确。

2. 美国体制：层次少、社会监督力度大

美国的教育行政实行地方分权，虽在 20 世纪 80 年代恢复了教育部，但机构简化，人员较少，主要起规划、指导和协调作用。在中央与州的两级管理中，以州为主。中央除立法和拨款外，不干涉地方的教育行政事务。在地方教育行政机关与学校的关系中，强调学校办学的自主性。地方教育行政部门对学校的领导主要体现在：制定课程的质量标准，进行检查与评估，提出改革建议；根据学校办学的实际情况，确定拨款标准；对校长进行选拔、任用、考核和培训。州和学区的教育机构比较简单。州一般设教育委员会，由 10 名委员组成，其中 5 名由该州有影响力的公司、单位和学生家长推选，另外 5 名由州长指定。由教育委员会提名并投票选举产生一名教育专家组组长，组成公立学校办公室，相当于中国的教育厅、局，领导全州教育的业务工作。

3. 法国体制：集权与分权相结合

法国政府非常重视教育，确立了教育的优先地位，强调公民受教育的权利和机会均等；规定中小学实行学校、家长、学生合同制；设立"国家教学大纲委员会"，定期审查修改教育内容，改革学制，减少考试；加强教师队伍建设，鼓励大学毕业生从教，建立教师培养学院，强调教师接受继续教育的必要性；重视教育改革，重点放在消除教育管理中的官僚主义和加强技术教育上，强调教育、科研与企业发展紧密结合。法国强调教育管理要统一，教育部垂直管理基础教育。基础教育结构全国统一，小学为五年制，初中为四年制，高中为三年制。初中分为适应阶段、中间阶段和专业定向三个阶段。高中分为确定阶段和最后阶段。法国中小学实施校长负责制。校长作为学校的一员，既是校长又是任课教师。法国校长同教师一样，均是国家公务员，聘任权在国家，而不在学校，工资直接由国家教育部发放。法国对校长的选拔非常严格，既注意资格，也注重经历，竞聘校长职务的教师必须通过严格的考试和培训。这些措施既保证了校长的管理能力，又提高了其权威。

4. 德国体制：州政府享有充分的自治和自主权

德国属于联邦制国家，在教育管理上，联邦政府同各州政府有着明确的分工。联邦宪法规定："整个教育事业置于国家监督之下，教育、科学的立法管理主要由各联邦州负责。"联邦政府在教育领域的权力主要由联邦教科部行使，但整体教育外交和师资待遇等则由联邦外交部和内政部负责。德国各州政府在教育管理方面享有充分的自治和自主权，教育领域的基础原则不是由联邦政府的主管部门确定的，而是由各州之间相互约定的。德国没有全国统一的中小学校和高等院校教育法，而是由各州在宪法的范围内独立管理、发展其学校教育事业，如颁布各种专门的法规，规定各级学校的设立、维护和发展，组织师资的培训和进修，加强学校的监督和管理，负责学生在学校中的地位、学费和教材费的减免以及教育补助等事宜。这种管理模式导致各州学校教育的发展各具特色。德国中小学同英国一样实行校长负责制，只有优秀教师才有资格竞聘校长职务。

第五节　教育法律

《中华人民共和国教育法》是中国教育工作的根本大法，是依法治教的根本大法。

《中华人民共和国教育法》的颁布是关系到中国教育改革与发展和社会主义现代化建设全局的一件大事，为落实教育优先发展的战略地位，促进教育的改革与发展，建立具有中国特色的社会主义现代化教育制度，维护教育关系主体的合法权益，加速教育法治建设，提供了根本的法律保障。

《中华人民共和国教育法》的颁布，标志着中国教育工作进入全面依法治教的新阶段，对我国教育事业的改革与发展，以及社会主义物质文明和精神文明的建设产生了重大而深远的影响。

一、颁布修正

1995 年 3 月 18 日，由第八届全国人民代表大会第三次会议通过。

2009 年 8 月 27 日，根据第十一届全国人民代表大会常务委员会第十次会议《关于修改部分法律的决定》，进行第一次修正。

2015 年 12 月 27 日，根据第十二届全国人民代表大会常务委员会第十八次会议《关于修改〈中华人民共和国教育法〉的决定》，进行第二次修正。

2021 年 4 月 29 日，根据第十三届全国人民代表大会常务委员会第二十八次会议《关于修改〈中华人民共和国教育法〉的决定》，进行第三次修正。

二、法律全文

第一章　总则

第一条　为了发展教育事业，提高全民族的素质，促进社会主义物质文明和精神文明建设，根据宪法，制定本法。

第二条　在中华人民共和国境内的各级各类教育，适用本法。

第三条　国家坚持以马克思列宁主义、毛泽东思想和建设有中国特色社会主义理论为指导，遵循宪法确定的基本原则，发展社会主义的教育事业。

第四条　教育是社会主义现代化建设的基础，国家保障教育事业优先发展。

全社会应当关心和支持教育事业的发展。

全社会应当尊重教师。

第五条　教育必须为社会主义现代化建设服务、为人民服务，必须与生产劳动和社会实践相结合，培养德、智、体、美等方面全面发展的社会主义建设者和接班人。

第六条　教育应当坚持立德树人，对受教育者加强社会主义核心价值观教育，增强受教育者的社会责任感、创新精神和实践能力。

国家在受教育者中进行爱国主义、集体主义、中国特色社会主义的教育，进行理想、道德、纪律、法治、国防和民族团结的教育。

第七条　教育应当继承和弘扬中华民族优秀的历史文化传统，吸收人类文明发展的一切优秀成果。

第八条　教育活动必须符合国家和社会公共利益。

国家实行教育与宗教相分离。任何组织和个人不得利用宗教进行妨碍国家教育制度的活动。

第九条　中华人民共和国公民有受教育的权利和义务。

公民不分民族、种族、性别、职业、财产状况、宗教信仰等，依法享有平等的受教育机会。

第十条　国家根据各少数民族的特点和需要，帮助各民族地区发展教育事业。

国家扶持边远贫困地区发展教育事业。

国家扶持和发展残疾人教育事业。

第十一条　国家适应社会主义市场经济发展和社会进步的需要，推进教育改革，推动各级各类教育协调发展、衔接融通，完善现代国民教育体系，健全终身教育体系，提高教育现代化水平。

国家采取措施促进教育公平，推动教育均衡发展。

国家支持、鼓励和组织教育科学研究，推广教育科学研究成果，促进教育质量提高。

第十二条　国家通用语言文字为学校及其他教育机构的基本教育教学语言文字，学校及其他教育机构应当使用国家通用语言文字进行教育教学。

民族自治地方以以少数民族学生为主的学校及其他教育机构，从实际出发，使用国家通用语言文字和本民族或者当地民族通用的语言文字实施双语教育。

国家采取措施，为少数民族学生为主的学校及其他教育机构实施双语教育提供条件和支持。

第十三条　国家对为发展教育事业作出突出贡献的组织和个人，给予奖励。

第十四条　国务院和地方各级人民政府根据分级管理、分工负责的原则，领导和管理教育工作。

中等及中等以下教育在国务院领导下，由地方人民政府管理。

高等教育由国务院和省、自治区、直辖市人民政府管理。

第十五条　国务院教育行政部门主管全国教育工作，统筹规划、协调管理全国的教育事业。

县级以上地方各级人民政府教育行政部门主管本行政区域内的教育工作。

县级以上各级人民政府其他有关部门在各自的职责范围内，负责有关的教育工作。

第十六条　国务院和县级以上地方各级人民政府应当向本级人民代表大会或者其常务委员会报告教育工作和教育经费预算、决算情况，接受监督。

第二章　教育基本制度

第十七条　国家实行学前教育、初等教育、中等教育、高等教育的学校教育制度。

国家建立科学的学制系统。学制系统内的学校和其他教育机构的设置、教育形式、修业年限、招生对象、培养目标等，由国务院或者由国务院授权教育行政部门规定。

第十八条　国家制定学前教育标准，加快普及学前教育，构建覆盖城乡，特别是农村的学前教育公共服务体系。

各级人民政府应当采取措施，为适龄儿童接受学前教育提供条件和支持。

第十九条　国家实行九年制义务教育制度。

各级人民政府采取各种措施保障适龄儿童、少年就学。

适龄儿童、少年的父母或者其他监护人以及有关社会组织和个人有义务使适龄儿童、少年接受并完成规定年限的义务教育。

第二十条　国家实行职业教育制度和继续教育制度。

各级人民政府、有关行政部门和行业组织以及企业事业组织应当采取措施，发展并保障公民接受职业学校教育或者各种形式的职业培训。

国家鼓励发展多种形式的继续教育，使公民接受适当形式的政治、经济、文化、科学、技术、业务等方面的教育，促进不同类型学习成果的互认和衔接，推动全民终身学习。

第二十一条　国家实行国家教育考试制度。

国家教育考试由国务院教育行政部门确定种类，并由国家批准的实施教育考试的机构承办。

第二十二条　国家实行学业证书制度。

经国家批准设立或者认可的学校及其他教育机构按照国家有关规定，颁发学历证书或者其他学业证书。

第二十三条　国家实行学位制度。

学位授予单位依法对达到一定学术水平或者专业技术水平的人员授予相应的学位，颁发学位证书。

第二十四条　各级人民政府、基层群众性自治组织和企业事业组织应当采取各种措施，开展扫除文盲的教育工作。

按照国家规定具有接受扫除文盲教育能力的公民，应当接受扫除文盲的教育。

第二十五条　国家实行教育督导制度和学校及其他教育机构教育评估制度。

第三章　学校及其他教育机构

第二十六条　国家制定教育发展规划，并举办学校及其他教育机构。

国家鼓励企业事业组织、社会团体、其他社会组织及公民个人依法举办学校及其他教育机构。

国家举办学校及其他教育机构，应当坚持勤俭节约的原则。

以财政性经费、捐赠资产举办或者参与举办的学校及其他教育机构不得设立为营利性组织。

第二十七条　设立学校及其他教育机构，必须具备下列基本条件：

（一）有组织机构和章程；

（二）有合格的教师；

（三）有符合规定标准的教学场所及设施、设备等；

（四）有必备的办学资金和稳定的经费来源。

第二十八条　学校及其他教育机构的设立、变更和终止，应当按照国家有关规定办理审核、批准、注册或者备案手续。

第二十九条　学校及其他教育机构行使下列权利：

（一）按照章程自主管理；

（二）组织实施教育教学活动；

（三）招收学生或者其他受教育者；

（四）对受教育者进行学籍管理，实施奖励或者处分；

（五）对受教育者颁发相应的学业证书；

（六）聘任教师及其他职工，实施奖励或者处分；

（七）管理、使用本单位的设施和经费；

（八）拒绝任何组织和个人对教育教学活动的非法干涉；

（九）法律、法规规定的其他权利。

国家保护学校及其他教育机构的合法权益不受侵犯。

第三十条　学校及其他教育机构应当履行下列义务：

（一）遵守法律、法规；

（二）贯彻国家的教育方针，执行国家教育教学标准，保证教育教学质量；

（三）维护受教育者、教师及其他职工的合法权益；

（四）以适当方式为受教育者及其监护人了解受教育者的学业成绩及其他有关情况提供便利；

（五）遵照国家有关规定收取费用并公开收费项目；

（六）依法接受监督。

第三十一条　学校及其他教育机构的举办者按照国家有关规定，确定其所举办的学校或者其他教育机构的管理体制。

学校及其他教育机构的校长或者主要行政负责人必须由具有中华人民共和国国籍、在中国境内定居、并具备国家规定任职条件的公民担任，其任免按照国家有关规定办理。学校的教学及其他行政管理，由校长负责。

学校及其他教育机构应当按照国家有关规定，通过以教师为主体的教职工代表大会等组织形式，保障教职工参与民主管理和监督。

第三十二条　学校及其他教育机构具备法人条件的，自批准设立或者登记注册之日起取得法人资格。

学校及其他教育机构在民事活动中依法享有民事权利，承担民事责任。

学校及其他教育机构中的国有资产属于国家所有。

学校及其他教育机构兴办的校办产业独立承担民事责任。

第四章　教师和其他教育工作者

第三十三条　教师享有法律规定的权利，履行法律规定的义务，忠诚于人民的教育事业。

第三十四条　国家保护教师的合法权益，改善教师的工作条件和生活条件，提高教师的社会地位。

教师的工资报酬、福利待遇，依照法律、法规的规定办理。

第三十五条　国家实行教师资格、职务、聘任制度，通过考核、奖励、培养和培训，提高教师素质，加强教师队伍建设。

第三十六条　学校及其他教育机构中的管理人员，实行教育职员制度。

学校及其他教育机构中的教学辅助人员和其他专业技术人员，实行专业技术职务聘任制度。

第五章　受教育者

第三十七条　受教育者在入学、升学、就业等方面依法享有平等权利。

学校和有关行政部门应当按照国家有关规定，保障女子在入学、升学、就业、授予学位、派出留学等方面享有同男子平等的权利。

第三十八条　国家、社会对符合入学条件、家庭经济困难的儿童、少年、青年，提供各种形式的资助。

第三十九条　国家、社会、学校及其他教育机构应当根据残疾人身心特性和需要实施教育，并为其提供帮助和便利。

第四十条　国家、社会、家庭、学校及其他教育机构应当为有违法犯罪行为的未成年人接受教育创造条件。

第四十一条　从业人员有依法接受职业培训和继续教育的权利和义务。

　　　　　国家机关、企业事业组织和其他社会组织，应当为本单位职工的学习和培训提供条件和便利。

第四十二条　国家鼓励学校及其他教育机构、社会组织采取措施，为公民接受终身教育创造条件。

第四十三条　受教育者享有下列权利：

（一）参加教育教学计划安排的各种活动，使用教育教学设施、设备、图书资料；

（二）按照国家有关规定获得奖学金、贷学金、助学金；

（三）在学业成绩和品行上获得公正评价，完成规定的学业后获得相应的学业证书、学位证书；

（四）对学校给予的处分不服，向有关部门提出申诉，对学校、教师侵犯其人身权、财产权等合法权益，提出申诉或者依法提起诉讼；

（五）法律、法规规定的其他权利。

第四十四条　受教育者应当履行下列义务：

（一）遵守法律、法规；

（二）遵守学生行为规范，尊敬师长，养成良好的思想品德和行为习惯；

（三）努力学习，完成规定的学习任务；

（四）遵守所在学校或者其他教育机构的管理制度。

第四十五条　教育、体育、卫生行政部门和学校及其他教育机构应当完善体育、卫生保健设施，保护学生的身心健康。

第六章　教育与社会

第四十六条　国家机关、军队、企业事业组织、社会团体及其他社会组织和个人，应当依法为儿童、少年、青年学生的身心健康成长创造良好的社会环境。

第四十七条　国家鼓励企业事业组织、社会团体及其他社会组织同高等学校、中等职业学校在教学、科研、技术开发和推广等方面进行多种形式的合作。

企业事业组织、社会团体及其他社会组织和个人，可以通过适当形式，支持学校的建设，参与学校管理。

第四十八条　国家机关、军队、企业事业组织及其他社会组织应当为学校组织的学生实习、社会实践活动提供帮助和便利。

第四十九条　学校及其他教育机构在不影响正常教育教学活动的前提下，应当积极参加当地的社会公益活动。

第五十条　未成年人的父母或者其他监护人应当为其未成年子女或者其他被监护人受教育提供必要条件。

未成年人的父母或者其他监护人应当配合学校及其他教育机构，对其未成年子女或者其他被监护人进行教育。

学校、教师可以对学生家长提供家庭教育指导。

第五十一条　图书馆、博物馆、科技馆、文化馆、美术馆、体育馆（场）等社会公共文化体育设施，以及历史文化古迹和革命纪念馆（地），应当对教师、学生实行优待，为受教育者接受教育提供便利。

广播、电视台（站）应当开设教育节目，促进受教育者思想品德、文化和科学技术素质的提高。

第五十二条　国家、社会建立和发展对未成年人进行校外教育的设施。

学校及其他教育机构应当同基层群众性自治组织、企业事业组织、社会团体相互配合，加强对未成年人的校外教育工作。

第五十三条　国家鼓励社会团体、社会文化机构及其他社会组织和个人开展有益于受教育者身心健康的社会文化教育活动。

第七章　教育投入与条件保障

第五十四条　国家建立以财政拨款为主、其他多种渠道筹措教育经费为辅的体制，逐步增加对教育的投入，保证国家举办的学校教育经费的稳定来源。

企业事业组织、社会团体及其他社会组织和个人依法举办的学校及其他教育机构，办学经费由举办者负责筹措，各级人民政府可以给予适当支持。

第五十五条　国家财政性教育经费支出占国民生产总值的比例应当随着国民经济的发展和财政收入的增长逐步提高。具体比例和实施步骤由国务院规定。

全国各级财政支出总额中教育经费所占比例应当随着国民经济的发展逐步提高。

第五十六条　各级人民政府的教育经费支出，按照事权和财权相统一的原则，在财政预算中单独列项。

各级人民政府教育财政拨款的增长应当高于财政经常性收入的增长，并使在校学生人数平均的教育费用逐步增长，保证教师工资和学生人均公用经费逐步增长。

第五十七条　国务院及县级以上地方各级人民政府应当设立教育专项资金，重点扶持边远贫困地区、少数民族地区实施义务教育。

第五十八条　税务机关依法足额征收教育费附加，由教育行政部门统筹管理，主要用于实施义务教育。

省、自治区、直辖市人民政府根据国务院的有关规定，可以决定开征用于教育的地方附加费，专款专用。

第五十九条　国家采取优惠措施，鼓励和扶持学校在不影响正常教育教学的前提下开展勤工俭学和社会服务，兴办校办产业。

第六十条　国家鼓励境内、境外社会组织和个人捐资助学。

第六十一条　国家财政性教育经费、社会组织和个人对教育的捐赠，必须用于教育，不得挪用、克扣。

第六十二条　国家鼓励运用金融、信贷手段，支持教育事业的发展。

第六十三条 各级人民政府及其教育行政部门应当加强对学校及其他教育机构教育经费的监督管理，提高教育投资效益。

第六十四条 地方各级人民政府及其有关行政部门必须把学校的基本建设纳入城乡建设规划，统筹安排学校的基本建设用地及所需物资，按照国家有关规定实行优先、优惠政策。

第六十五条 各级人民政府对教科书及教学用图书资料的出版发行，对教学仪器、设备的生产和供应，对用于学校教育教学和科学研究的图书资料、教学仪器、设备的进口，按照国家有关规定实行优先、优惠政策。

第六十六条 国家推进教育信息化，加快教育信息基础设施建设，利用信息技术促进优质教育资源普及共享，提高教育教学水平和教育管理水平。

县级以上人民政府及其有关部门应当发展教育信息技术和其他现代化教学方式，有关行政部门应当优先安排，给予扶持。

国家鼓励学校及其他教育机构推广运用现代化教学方式。

第八章 教育对外交流与合作

第六十七条 国家鼓励开展教育对外交流与合作，支持学校及其他教育机构引进优质教育资源，依法开展中外合作办学，发展国际教育服务，培养国际化人才。

教育对外交流与合作坚持独立自主、平等互利、相互尊重的原则，不得违反中国法律，不得损害国家主权、安全和社会公共利益。

第六十八条 中国境内公民出国留学、研究、进行学术交流或者任教，依照国家有关规定办理。

第六十九条 中国境外个人在符合国家规定的条件并办理有关手续后，可以进入中国境内学校及其他教育机构学习、研究、进行学术交流或者任教，其合法权益受国家保护。

第七十条 中国对境外教育机构颁发的学位证书、学历证书及其他学业证书的承认，依照中华人民共和国缔结或者加入的国际条约办理，或者按照国家有关规定办理。

第九章　法律责任

第七十一条　违反国家有关规定，不按照预算核拨教育经费的，由同级人民政府限期核拨；情节严重的，对直接负责的主管人员和其他直接责任人员依法给予处分。

违反国家财政制度、财务制度，挪用、克扣教育经费的，由上级机关责令限期归还被挪用、克扣的经费，并对直接负责的主管人员和其他直接责任人员，依法给予处分；构成犯罪的，依法追究刑事责任。

第七十二条　结伙斗殴、寻衅滋事，扰乱学校及其他教育机构教育教学秩序或者破坏校舍、场地及其他财产的，由公安机关给予治安管理处罚；构成犯罪的，依法追究刑事责任。

侵占学校及其他教育机构的校舍、场地及其他财产的，依法承担民事责任。

第七十三条　明知校舍或者教育教学设施有危险，而不采取措施，造成人员伤亡或者重大财产损失的，对直接负责的主管人员和其他直接责任人员，依法追究刑事责任。

第七十四条　违反国家有关规定，向学校或者其他教育机构收取费用的，由政府责令退还所收费用；对直接负责的主管人员和其他直接责任人员，依法给予处分。

第七十五条　违反国家有关规定，举办学校或者其他教育机构的，由教育行政部门或者其他有关行政部门予以撤销；有违法所得的，没收违法所得；对直接负责的主管人员和其他直接责任人员，依法给予处分。

第七十六条　学校或者其他教育机构违反国家有关规定招收学生的，由教育行政部门或者其他有关行政部门责令退回招收的学生，退还所收费用；对学校、其他教育机构给予警告，可以处违法所得五倍以下罚款；情节严重的，责令停止相关招生资格一年以上三年以下，直至撤销招生资格、吊销办学许可证；对直接负责的主管人员和其他直接责任人员，依法给予处分；构成犯罪的，依法追究刑事责任。

第七十七条　在招收学生工作中徇私舞弊的，由教育行政部门或者其他有关行政部门责令退回招收的人员；对直接负责的主管人员和其他直接责任人员，依法给予处分；构成犯罪的，依法追究刑事责任。

第七十八条　学校及其他教育机构违反国家有关规定向受教育者收取费用的，由教育行政部门或者其他有关行政部门责令退还所收费用；对直接负责的主管人员和其他直接责任人员，依法给予处分。

第七十九条　考生在国家教育考试中有下列行为之一的，由组织考试的教育考试机构工作人员在考试现场采取必要措施予以制止并终止其继续参加考试；组织考试的教育考试机构可以取消其相关考试资格或者考试成绩；情节严重的，由教育行政部门责令停止参加相关国家教育考试一年以上三年以下；构成违反治安管理行为的，由公安机关依法给予治安管理处罚；构成犯罪的，依法追究刑事责任：

（一）非法获取考试试题或者答案的；

（二）携带或者使用考试作弊器材、资料的；

（三）抄袭他人答案的；

（四）让他人代替自己参加考试的；

（五）其他以不正当手段获得考试成绩的作弊行为。

第八十条　任何组织或者个人在国家教育考试中有下列行为之一，有违法所得的，由公安机关没收违法所得，并处违法所得一倍以上五倍以下罚款；情节严重的，处五日以上十五日以下拘留；构成犯罪的，依法追究刑事责任；属于国家机关工作人员的，还应当依法给予处分：

（一）组织作弊的；

（二）通过提供考试作弊器材等方式为作弊提供帮助或者便

利的；

　　　　（三）代替他人参加考试的；

　　　　（四）在考试结束前泄露、传播考试试题或者答案的；

　　　　（五）其他扰乱考试秩序的行为。

　　第八十一条　举办国家教育考试，教育行政部门、教育考试机构疏于管理，造成考场秩序混乱、作弊情况严重的，对直接负责的主管人员和其他直接责任人员，依法给予处分；构成犯罪的，依法追究刑事责任。

　　第八十二条　学校或者其他教育机构违反本法规定，颁发学位证书、学历证书或者其他学业证书的，由教育行政部门或者其他有关行政部门宣布证书无效，责令收回或者予以没收；有违法所得的，没收违法所得；情节严重的，责令停止相关招生资格一年以上三年以下，直至撤销招生资格、颁发证书资格；对直接负责的主管人员和其他直接责任人员，依法给予处分。

　　　　前款规定以外的任何组织或者个人制造、销售、颁发假冒学位证书、学历证书或者其他学业证书，构成违反治安管理行为的，由公安机关依法给予治安管理处罚；构成犯罪的，依法追究刑事责任。

　　　　以作弊、剽窃、抄袭等欺诈行为或者其他不正当手段获得学位证书、学历证书或者其他学业证书的，由颁发机构撤销相关证书。购买、使用假冒学位证书、学历证书或者其他学业证书，构成违反治安管理行为的，由公安机关依法给予治安管理处罚。

　　第八十三条　违反本法规定，侵犯教师、受教育者、学校或者其他教育机构的合法权益，造成损失、损害的，应当依法承担民事责任。

第十章　附则

　　第八十四条　军事学校教育由中央军事委员会根据本法的原则规定。

　　宗教学校教育由国务院另行规定。

第八十五条　境外的组织和个人在中国境内办学和合作办学的办法，由国务院规定。

第八十六条　本法自 1995 年 9 月 1 日起施行。

第六节　教育政策

一、教育政策

教育政策是一个政党和国家为实现一定历史时期的教育发展目标和任务，依据党和国家在一定历史时期的基本任务、基本方针而制定的关于教育的行动准则。

二、2018年十大教育政策

1. 中共中央、国务院印发《关于全面深化新时代教师队伍建设改革的意见》

2018 年 1 月，中共中央、国务院印发《关于全面深化新时代教师队伍建设改革的意见》，对新时代教师队伍建设作出顶层设计。这是新中国成立以来第一次以党中央名义专门印发的加强教师队伍建设的文件，具有里程碑意义和战略意义。全面深化新时代教师队伍建设改革的目标是培养造就党和人民满意的高素质专业化创新型教师队伍。它明确了新时代教师队伍建设的目标任务：经过 5 年左右的努力，教师培养培训体系基本健全，职业发展通道比较畅通，事权、人权、财权相统一的教师管理体制普遍建立，待遇提升保障机制更加完善，教师职业吸引力明显增强。教师队伍规模、结构、素质能力基本满足各级各类教育发展的需要。

2. 中共中央、国务院发布《关于学前教育深化改革规范发展的若干意见》

2018 年 11 月，中共中央、国务院发布《关于学前教育深化改革规范发展的若干意见》，提出了学前教育是终身学习的开端，是国民教育体系的重要组成部分，是重要的社会公益事业。办好学前教育、实现幼有所育，是党的十九大作出的重大决策部署，是党和政府为老百姓办实事的重大民生工程，关系亿万儿童健康成长，关系社会和谐稳定，关系党和国家事业未来。它明确了到2020年，全国学前三年教育毛入园率达到85%，普惠性幼儿园覆盖率（公办园和普惠性民办园在园幼儿占比）达到80%；到2035年，全面普及学前三年教育，建成覆盖城乡、布局合理的学前教育公共服务体系。

3. 教育部等五部门印发《教师教育振兴行动计划（2018—2022年）》

2018年3月，教育部、国家发展改革委、财政部、人力资源和社会保障部及中央编办联合印发《教师教育振兴行动计划（2018—2022年）》，从师德教育、培养规格层次、教师资源供给、教师教育模式、师范院校作用5个方面，明确了十大行动，以建强、做优教师教育。它提出争取用5年左右的时间，努力办好一批高水平、有特色的教师教育院校和师范类专业，基本健全教师培养培训体系，为我国教师教育的长期可持续发展奠定坚实基础。

4. 教育部等六部门制定《职业学校校企合作促进办法》

2018年4月，为深入贯彻落实党的十九大精神，落实《国务院关于加快发展现代职业教育的决定》的要求，完善职业教育和培训体系，深化产教融合、校企合作，教育部会同国家发展改革委、工业和信息化部、财政部、人力资源社会保障部、国家税务总局制定了《职业学校校企合作促进办法》。办法明确了职业学校和企业可以结合实际在人才培养、技术创新、就业创业、社会服务、文化传承等方面，开展7种形式的合作。办法明确提出，鼓励有条件的企业举办或者参与举办职业学校，设置学生实习、学徒培养、教师实践岗位。

5. 国务院办公厅转发《教育部直属师范大学师范生公费教育实施办法》

2018年8月，国务院办公厅转发教育部等部门《教育部直属师范大学师范生公费教育实施办法》（以下简称《办法》）。《办法》指出，建立健全师范生公费教育制度，是《中共中央、国务院关于全面深化新时代教师队伍建设改革的意见》部署的改革举措，目标是培养大批有理想信念、有道德情操、有扎实学识、有仁爱之心的"四有"好教师，强化教师承担的国家使命和公共教育服务的职责，吸引优秀人才从教，进一步形成尊师重教的浓厚氛围，让教师成为令人羡慕的职业。一是确立师范生公费教育制度；二是调整履约任教年限要求，《办法》将公费师范生履约服务期调整为 6 年；三是细化履约管理政策，四是加大落实政策保障力度。

6. 教育部发布《普通高等学校本科专业类教学质量国家标准》

2018 年 1 月，教育部发布《普通高等学校本科专业类教学质量国家标准》（以下简称《国标》），这是面向全国、全世界发布的第一个高等教育教学质量国家标准。《国标》把握三大原则：第一，突出学生中心；第二，突出产出导向；第三，突出持续改进。《国标》有三大特点：一是既有"规矩"又有"空间"，二是既有"底线"又有"目标"，三是既有"定性"又有"定量"。《国标》明确了各专业类的内涵、学科基础、人才培养方向等。对适用专业范围、培养目标、培养规格、师资队伍、教学条件、质量保障体系建设都做了明确要求。教育部将推动《国标》的应用，让标准发挥以标促改、以标促建、以标促强的作用。

7. 教育部印发《关于加快建设高水平本科教育全面提高人才培养能力的意见》

2018 年 10 月，教育部印发《关于加快建设高水平本科教育全面提高人才培养能力的意见》（以下简称"新时代高教 40 条"），决定实施"六卓越一拔尖"计划 2.0。"新时代高教 40 条"指出，办好我国高校，办出世界一流大学，人才培养是本，本科教育是根。建设高等教育强国必须坚持"以本为本"，全面落实"四个回归"。应加快建设高水平本科教育，培养大批有理想、有本领、有担当的高素质专门人才，为全面建成小康社会、基本实现社会主义现代化、建成社会主义现代化强国提供强大的人才支撑和智力支持。

8. 教育部印发《新时代教师职业行为十项准则》（以下简称《准则》）

2018 年 11 月教育部印发了《新时代高校教师职业行为十项准则》《新时代中小学教师职业行为十项准则》《新时代幼儿园教师职业行为十项准则》，以明确新时代教师职业规范，划定基本底线，深化师德师风建设。《准则》包括坚定政治方向、自觉爱国守法、传播优秀文化、潜心教书育人、关心爱护学生、遵守学术规范、秉持公平诚信、坚守廉洁自律、积极奉献社会等方面，每一条既提出正面倡导，又划定师德底线。

9. 教育部办公厅印发《关于做好 2018 年普通中小学招生入学工作的通知》

2018 年 2 月，教育部办公厅印发《关于做好 2018 年普通中小学工作的通知》(以下简称《通知》)。《通知》指出，要逐步压缩特长生招生规模，直至 2020 年前取消各类特长生招生；继续清理和规范中考加分项目，尚未全面取消体育、艺术等加分项目的地方，要从 2018 年初中起始年级开始执行。

10. 教育部办公厅等四部门印发《关于切实减轻中小学生课外负担开展校外培训机构专项治理行动的通知》

2018 年 2 月，为迅速遏制校外培训机构发展所带来的突出问题，教育部、民政部、人力资源社会保障部、国家市场监督管理总局决定联合开展专项治理行动，依法维护学生权益，坚决治理违背教育教学规律和青少年成长规律的行为，推动解决中小学生课外负担过重问题，确保中小学生健康成长。将存在重大安全隐患、无证无照或有照无证等违规办学行为的学科类校外培训机构作为重点治理对象。教育部办公厅当年 12 月 12 日公布了全国校外培训机构专项治理行动整改工作进展情况的通报：截至 2018 年 11 月 30 日，全国共摸排校外培训机构 401050 所，存在问题机构 272842 所，现已完成整改 211225 所，完成整改率 77.42%。

第七节　教育经费与教育财政

一、教育经费

1. 教育经费

教育经费，是指中央和地方财政部门的财政预算中实际用于教育的费用。

教育经费包括教育事业费（即各级各类学校的人员经费和公用经费）和教育基本建设投资（建筑校舍和购置大型教学设备的费用）等。

教育经费是以货币的形式支付的教育费用，是办学必不可少的财力条件。在中国，教育经费主要是指国家用于发展各级教育事业的费用。2016 年，我国教育经费总投入为 38866 亿元，比上年增长 7.57%；其中国家财政性教育经费为 31373 亿元，比上年增长 7.36%。

2. 教育经费政策

教育经费政策要解决的是如何筹措教育经费，如何分配教育经费，以及如何使用教育经费的问题。就如何筹措教育经费而言，教育经费政策所要解决的问题是如何处理好政府主要渠道与其他渠道之间的关系；以及在政府主渠道中，如何处理好中央政府出钱办教育和地方政府出钱办教育之间的关系。就如何分配教育经费而言，就是在教育经费的平面结构上，要处理好教育事业费与教育基本建设投资之间的关系；在教育经费分配的对象结构上，要处理好各级各类教育经费分配之间的关系。

3. 教育经费现状

（1）教育经费投入方式逐步多元化

20 世纪 90 年代以来，中国明确提出了与国情和教育事业改革发展基本适应的教育指标，即国家财政性教育经费支出占国内生产总值的比例达到 4% 的目标，从而一定程度上保证了教育经费由国家财政投入的主渠道。与此同时，为了进一步缓解中国教育经费仅由国家财政投入所带来的经费不足问题，中国逐步实现了由过去单纯的政府投资，向国家、社会、外商、学校、集体与个人多元投资方向的转变，从而使得国家财政性教育经费支出占教育经费总支出的比例逐年下降，而非财政性教育经费占教育经费总投入的比例有了明显提高。

（2）教育经费的管理制度逐步建立和完善

为了充分了解各级教育经费的供需状况，监督各级政府对教育的投入力度，规范并加强学校收费管理，合理使用有限的学校资源并提高教育经费的使用效益，我国政府及各级教育主管部门先后制定了一系列管理办法及法规，并积极探索高等学校拨款机制，加强教育专项经费项目管理和学校的财务管理，均收到了积极的效果。

4. 发展对策

（1）多管齐下，增加教育经费总量

即在不断提高国家财政投入的前提下，采取各种措施鼓励社会力量积极参与对教育经费的投入，从而提高教育经费投入总量。

国家财政应按照《教育法》的要求逐步提高教育经费投入比例。当今世界各国都把教育放在十分重要的地位，20世纪90年代以来，各国的公共教育经费的增长速度都高于GNP的增长速度，占GNP的比例逐步提高。中国中央财政应建立以财政拨款为主，其他渠道筹措教育经费为辅的体制，逐步增加对教育的投入，保证国家举办的学校教育经费的稳定来源，确保《教育法》中规定的"三个增长"，即"各级人民政府教育财政拨款的增长应当高于财政经常性收入的增长，并使按在校学生人数平均的教育费用逐步增长，保证教师工资和学生人均公用经费逐步增长"。

（2）积极拓展其他筹资渠道

在现今中国财力相对有限的条件下，要想大幅度增加对教育的投入，仅仅依靠国家的财力显然是不够的，还必须积极开拓其他筹资渠道，包括个人、集体企业单位对各级各类教育机构予以资金或实物的捐赠与赠予等。

① 鼓励学校创收。应鼓励学校在完成国家指令性教育、科研任务的前提下，充分利用学校现有办学优势，大力开办各类自主收费的成人教育和职业培训，增加学校教育收入。

② 广泛吸收社会资金，走校企联合办学的道路。国家可以采取一系列优惠政策，如对办学投资所得收益免征企业所得税和个人所得税，来鼓励和支持企业事业单位、科研机构以及个人与高等院校联合办学，创办私立大学和民办高校、职校，从而一定程度上解决中国教育经费相对短缺的问题。

③ 强化对城乡教育费附加税的征收。城乡教育费附加是发展基础教育、扩大地方教育经费的一种税收。为了确保城乡教育费附加足额到位，其征收必须

实行直收直缴，严格实行收支两条线，征、管、用一条龙，避免漏征、漏交和挪作他用现象，对不按期完成征收任务的应从财政中扣除，直接划入预算外资金专户。

④ 发行教育彩票。考虑到当前国家教育投入财力不足而财政压力又很大的背景，再加上彩票市场在中国所具备的巨大潜力。中国可以借鉴国外发达国家通过教育彩票筹集教育经费的经验，发行专门的教育彩票来筹集建立专项教育投资基金。

（3）调整教育负担结构，合理分担公共教育经费

中国各地经济发展不平衡，在经济不发达地区义务教育的发展受到当地经济和财政水平的制约，造成教育经费不足，为了解决这一问题，国家应加大实施以经济落后地区为主要对象的教育经费转移支付的力度，平衡地方教育财政开支，缩小各级教育投入水平的明显差距，保证义务教育制度的真正落实。

（4）科学合理地调整教育经费分配结构

① 优先发展初、中等教育。基础教育是教育的基础，根据国外发展教育的历史经验，加强基础教育对于国民经济的发展具有非常重要的意义。一般来说，教育经费的分配是与该国经济、教育发展水平相适应的。经济、教育发展水平较低的国家，应以发展义务教育（一般指初等教育和中等教育的初中阶段）为中心，随着经济发展，逐步转向发展中等和高等教育。现今，由于我国经济发展处于起步阶段，对教育的投入必将十分有限，国家应该将这有限的教育经费重点向义务教育倾斜，提高义务教育在总教育经费中的比例和生均教育经费水平，从而达到普及基础教育和义务教育经费的目的，巩固义务教育成果，进而为发展后期中等教育和高等教育提供前提。

② 合理安排高等教育中各学科的结构比例。学科结构反映了一个国家的经济社会发展、劳动力分工、产业结构等，集中地体现了社会对人才的种类、规格、知识、能力、素质等各个方面的要求。随着我国加入世贸组织后，产业结构调整步伐的加快，对高校的学科专业建设也提出了新的要求，因此，各高等院校应根据自己的实际情况和社会经济发展的需要，将有限的教育经费投入优先发

展的学科和专业，使培养的学生更能适应社会的需要，从而提高办学效益。

（5）提高有限教育经费的使用效率

① 尽快推进学校后勤社会化的改革。学校在推进后勤社会化时，必然考虑到其社会承受力。所以为了顺利推进这项工作，国家可以先拨付一定数量的扶持基金，专门用于启动高校后勤产业化工作，等条件成熟的时候通过采取减免所得税、部分营业税等一些列税收优惠措施，推进高校后勤逐步走向社会化，最终实现高校后勤的彻底分离。

② 合理配置教育资源，减少本已十分有限的教育资源的浪费。一是合理规划和布局各级各类教育学校的结构和规模，减少因结构和规模不当而造成的教学资源浪费；二是对学校内部教学设施进行统一规划，统筹配置，改变现今按院系、按层次重复设置和购买的状况，提高使用效率；三是合理安排教师工作，适当提高教师的周课时量，减少富余人员，降低师生比。

二、教育财政

教育财政是指国家对教育经费及其他相关教育资源的管理，包括国家对教育经费及其他教育资源的筹措、分配及使用的监督等。

国家通过立法、行政、司法等机关行使教育财政的职能。

1. 教育财政的分类

教育财政作为政府公共财政支出的重要内容之一，其分类与财政收支的分类有着密切的联系。但教育财政支出又有其本身的特性，它与政府的教育体制和财政管理体制以及各国的具体情况、历史背景密不可分。因此，它的分类角度与分类方法是多种多样的。

（1）按教育体制（或受教育程度）分类

目前，世界各国一般实行的是学前（幼儿）、初等、中等、高等以及其他形式的教育体制，按这种体制分类，则教育财政可分为：学前（幼儿）教育财政、初等教育财政、中等教育财政、高等教育财政以及其他形式的教育财政。学前（幼儿）教育财政是指学龄前儿童的政府教育经费投入，它包括幼儿教育的场所设施建设支出、幼儿教育的管理与行政支出等。

初等教育财政是指小学阶段的政府教育经费投入，它包括学校的设施建设支出、教师的工资待遇支出以及教学管理与行政支出等，由于这一阶段的教育属于义务教育，其经费基本上由政府财政承担。

中等教育财政是指中学阶段（包括中专、职校、技校）的政府教育经费投入。在中国，普通的初中教育仍属于义务教育，其经费主要由教育财政承担，中专、技校及部分职校的经费除由政府财政拨付一部分外，其余由办学单位承担或者通过非政府方式来筹集。

高等教育财政是指大学阶段的政府教育经费投入。大学教育包括专科生、本科生、硕士研究生、博士研究生教育（博士后培养属于一种人才工作经历，在中国，这类经费未列入教育财政的口径之中）。就高等教育而言，目前世界上绝大多数国家认为其不属于义务教育范围，它的经费来源不应该全部由政府负担，政府仅承担部分教育财政经费，其余由学校通过收费及社会捐助等手段来解决。

其他形式的政府教育经费投入还包括成人教育支出，教师、职员的进修与培训支出，特殊教育支出（如聋哑学校、残疾人教育培训中心的经费支出）等。

按照教育体制分类的方式可以使我们清楚地看到教育财政经费在各个教育层面上的使用情况，从而有利于教育产品的公共性质，有利于调整公共教育财政支出结构，并使之趋于合理，以保障公共教育经费的有效运用，促进教育事业的更快发展。

（2）按政府管理体制分类

各国的政府管理体制最少可分为中央或联邦，省或州、地方的二级管理体制。教育财政按这种管理体制分类，可分为中央或联邦教育财政和地方（包括省、地两级）教育财政，这与中央财政与地方财政的关系如出一辙。在中国，中央政府教育财政主要指国家财政预算中所安排的对中央所属部委的教育拨款，对地方政府包括省及省以下地方政府的教育转移支付拨款以及由中央专设的各项教育基金收付及使用等。地方政府教育财政是指省及省以下包括地(市)、县（市）、乡镇基层地方政府的教育财政经费的筹集和使用情况。按管理体制分类的好处在于可以由各级财政与教育部门来分别管理各自的教育财政资金，这既便于调动各方的积极性，又能保证各地根据自身情况配置好教育财政资金。

（3）按收入来源分类

若按照中国现行财政的收入来源分类，教育财政可分为：

① 财政预算内教育经费；

② 各级政府征收用于教育的税费；

③ 企业办学教育经费；

④ 校办产业、勤工俭学和社会服务收入中用于教育的经费；

⑤ 其他属于国家财政性的教育经费。

按收入来源分类有利于了解教育财政经费的来源渠道。这样分类可以使一些专项经费做到专款专用，同时，还利于将政府公共教育支出与私人筹资（非教育财政性经费）进行比较，并了解整个教育经费筹集的状况。这对于规范教育财政资金的收支、促进教育事业的稳固发展是极有好处的。

（4）按支出用途分类

按财政资金的支出用途可以将教育财政划分为教育事业费支出和教育基建投资支出，其中教育事业费是目前世界各国教育经费最主要的部分，一般占到政府教育支出的 60% 以上。教育事业费支出，是指我们日常所说的财政教育经常性费用支出，它又可分为人员经费支出和公用经费支出。人员经费支出包括教职工工资、奖金及其他福利性开支，还有学生的奖学金和助学金等；公用经费支出是指教学机构的教学、科研和办公费用，还有教学仪器、设备和图书资料等的购置经费；教育基建投资支出，是指财政用于学校房屋建设及危房改造等方面的费用支出。具体包括教学楼的建设，与教学相关的科研楼、实验楼、图书馆的建设，为教学服务的办公楼、礼堂、教职工宿舍的建设以及学生公寓、食堂的建设等。

按支出用途分类的好处在于可以掌握教育财政资金的具体使用方向，在教育经费有限的情况下，可以合理调度资金，做到先维持（先满足教育事业费开支）、后发展（再将剩余资金用于基建投资）。

（5）按支出有无补偿分类

按这一方式，可将教育财政分为购买性支出和转移性支出两类。

教育财政的购买性支出是指政府遵循有偿原则，为满足各种教育事业的发展而用于购买与教育相关的商品和劳务的支出。政府只有购买这些商品和劳务，才能生产出公众所需要的公共商品和劳务（包括混合商品），这种支出意味着政府对经济资源的索取和消耗，故购买性支出又称为消耗性支出。

教育财政的转移性支出是指政府单方面地、无偿地支付给其他事业主体或机构的教育经费，它包括各种教育补贴、补助等。政府在付出这笔经费时，并没有相应地获得任何回报。这时，政府扮演的是一个"中间人"的角色，将一部分纳税人的钱无偿地转移给另外一部分人使用。

这两类支出所遵循的交换原则不同，因此这一方法也称为按支出的经济性质分类，它有助于我们分析教育财政支出所产生的不同的经济影响。由于在不同经济发展时期政府的教育政策和教育投入的重点有所不同，相应地，教育财政的这一结构也会有所不同。一般而言，在经济发展水平较低时，教育财政支出中购买支出的比重较高，转移支出的比重较低；在经济发展水平较高时，购买支出的比重会有所降低，而转移支出的比重会明显上升。

2. 教育财政的作用

随着教育规模的不断扩大，就读人数的大幅增加，对于教育经费的需求也不断增加。为了保障教育机会平等和教育产出的质量，促进教育大众化的进一步发展，教育经费必然会随之增加。但同时也应当看到，相对于教育需求，教育资源总是稀缺的，由此就会产生这样一对矛盾：一方面，教育经费总是紧缺；另一方面，教育质量又不容下降。要解决这一问题，必须加强对教育经费的筹措和管理，开源节流，提高其利用效率。而这恰恰是教育财政的应有之义。因此，教育财政对教育事业的发展具有十分重要的意义和作用。

（1）为教育事业的发展提供物质保障

从经济学的角度而言，尽管教育具有非常明显的正外部性，尤其是对经济增长产生巨大的促进作用，但它依然是一项无法完全通过市场机制实现成本有效补偿并获得利润的巨大的消耗性工程。因此，即使是在崇尚市场机制的西方国家，通常也把教育部门看作公共部门或准公共部门。美国经济学家雷诺兹认为，教育是"准公共物品"，市场在这里是行不通的，"社会可能决定给予津贴甚至免费分配"。市场机制在教育部门之所以会发生失灵现象，是因为教育具有很高的外部经济效益，即由于教育所带来的巨大的社会效益远远高于私人收益，私人企业在市场机制的调节下，通常会忽视长远的社会利益，从而给社会造成重大的损失。因此，教育一般只能作为社会或国家所追求的共同需要和公共利益，由代表公共利益的政府通过行政、经济、法律等手段来满足。从当代世界各国教育发展的趋势来看，政府对其所起的作用越来越大。无论是发达国家还是发展中国家，都概莫能外。就我国而言，各级政府通过教育行政对教育的投资，在整个教育发展中起着决定性的保障作用。教育财政是教育行政的重要内容和手段。它的根本任务是依据国家意志，为全国范围内的国民教育事业提供物质保障。为此，首先要研究教育经费占国内生产总值、国民收入、国家财政收入与支出的合理比例，为各级政府有关部门提供决策的依据，为教育事业的发展争取到比较充分的教育经费。其次，还要发挥教育财政筹措教育经费的作用，把分散在各地区、各部门、各企业单位及个人手中可用于教育经费的那部分资源，通过立法形式或其他章程、办法筹集起来，形成教育经费，以弥补政府教育投入的不足。

（2）对教育资源进行合理配置

合理配置是指社会的人力、物力、财力和它们在价值上反映的资金等资源得到优化配置和高效利用。资源的有限稀缺性与社会需要的无限性之间的矛盾是无法调和的，因此，合理有效地配置资源，发挥其最大的功能，是财政的基本要求。相对于教育需求，教育资源始终是有限的，这就更加需要对教育资源进行合理配置。简要地说，教育资源的合理配置，就是将有限的教育资源合理地分配到教育系统的各个部门和机构中去，从而实现以最小的教育投资得到最大的教育产品与服务的产出。教育财政对资源的合理配置主要体现在两个方面：

一是在各级各类学校之间进行有效的资源分配；二是在教育事业发展和教育基本建设之间进行合理的资源配置。为了促进教育的协调发展，从而带动地区经济和社会的发展，就必须发挥教育财政的宏观调控作用。在分配教育资源时，要从我国的国情出发，从国家教育财政的实际情况出发，考虑教育类别、学校层次（重点与一般）以及地区特点，按照公平、合理、有效的原则分配教育经费。

（3）科学合理地调节教育经费

教育财政有助于教育资源的合理配置，但教育资源的科学配置并不是一蹴而就的。在教育发展过程中，制约教育发展的因素是复杂多样的，这些因素中存在诸多变量，它们集结在一起，并不断地进行重组，构成了教育发展过程中千变万化的客观现实。正是这种客观存在的、不断变化的现实，要求教育财政从实际情况出发，因地因时因事地作出合理的决策，从而使教育资源的配置更具有针对性，也更富有效率。因此，如何将计划与市场、将"看得见的手"与"看不见的手"有机配合，就成为新形势下我国教育财政充分发挥调节作用的核心问题。而评判的标准就是看其能否有力地促进教育事业的协调发展。总之，要想使教育经费的分配更贴近实际，更趋于合理，更趋于协调，使教育总供给与需求之间趋于平衡，就必须最大限度地发挥教育财政的供给调节作用。

（4）对教育资金的运用实施有效的监督

教育是一项规模宏大的系统工程，必须加强对教育事业的宏观规划，加强对教育的投资，全面地反映并妥善解决教育事业发展中出现的矛盾和问题。这些都依赖国家各级政府及教育行政部门对教育事业发展进行强有力的监督和管理。因此，加强对教育事业的管理和监督，是教育事业发展和教育管理自身的客观要求。只有保持正常的教育运行秩序，建立良好的教育发展环境，教育事业才能步入整体协调发展的轨道。教育财政作为政府的一种经济行为，通过对教育机构的经济行为和资金使用的监督，使教育系统各部门、各机构的经济行为立于法制和政策允许的轨道之上；通过对教育部门、机构和个人违反财政纪律行为的处理和制裁，使教育系统内部形成正确的导向，产生巨大的约束作用，督促教育部门、各机构和个人努力改进工作，从而不断提高教育经费的使用效率。

教育财政上述四方面的作用，是相互独立又彼此依存的综合体，任何一方面得不到有效发挥，都将影响其他方面的作用，从而对整个教育系统的运行产生不良的影响。因此，在制定教育财政决策时，要充分考虑国家和地方的财政实情，运用好教育预算、教育决算、教育审计等教育财政手段，以保证教育事业的均衡协调发展。

3. 教育财政的功能

一般来讲，教育财政主要有三大基本功能。

（1）筹措教育经费及其他教育资源，以保证国家教育发展的需要

筹措的手段主要有：一是制定有关法律法规，确定教育经费的筹集渠道及相应的比例，保障教育经费筹集的合法性和有效性；二是在各级政府公共财政支出中保证教育支出的逐步增长；三是通过各种行政或经济手段吸纳各种民间资金或资源，以投资教育事业。

（2）分配教育经费，配置教育资源

分配教育经费和配置教育资源的基本依据是国家有关教育法律法规与政策、社会对各级各类教育的需求以及各级各类教育自身的经费需求。教育事业的发展，一方面取决于教育经费及其他教育资源的多寡；另一方面取决于教育经费的分配是否合理，教育资源的配置是否科学。

（3）监控教育经费的合法使用及其他教育资源的有效利用

在这方面，教育财政的作用是：对各级各类教育机构的财务活动进行合法的监控，防止违法违纪使用教育经费，杜绝铺张浪费，保障教育经费用得其所，从而使教育资源发挥应有的效益。

4. 教育财政的基本制度

教育财政制度健全与否，权威性和有效性如何，不仅对教育经费及有关资源的筹集、分配与使用有着重大影响，而且将影响到教育事业的顺利健康发展。

（1）教育预算制度

教育预算是指各级政府及有关职能部门制订的教育财政年度收支计划，包

括教育预算收入和教育预算支出两大部分。

教育预算制度就是制定教育预算所必须遵循的各项原则、程序、规章和要求，也就是编制教育预算的准则与规范。

教育预算制度有以下特点：

① 规范性，指编制教育预算的体制、程序和要求都有明文规定，预算草案的编制、审查和审议批准都有严格的工作程序；

② 严肃性，指编制教育预算过程的各个环节都有明确的责任；

③ 权威性，指教育预算计划一经批准就具有法律效力，必须依法得到执行。

我国的教育预算采用的是中央政府和地方政府分工负责的体制。

（2）教育决算制度

教育决算，亦称教育财政决算，指各级政府针对教育预算执行情况依法编制的会计年度结算报告。

教育决算主要包括会计年度教育经费收支情况和决算分析两部分。教育经费收支情况应与预算项目相对应，决算分析是根据一定指标对教育经费使用情况作出说明。

教育决算制度是指编制教育决算的准则与规范，包括有关的原则、规章、程序及要求等。其作用在于：一是保证教育决算工作的如期顺利完成；二是规范各种教育决算活动，使其有章可循；三是预防教育决算过程中的各种违规行为，提高教育决算的可信度。

我国的教育决算采用分级教育财政决算的体制，除中央教育财政总决算外，地方各级政府也进行相应的各级教育财政总决算。

（3）教育审计制度

教育审计是指各级政府审计部门和教育部门审计机构对教育部门或教育机构的教育财政收支及其他相关经济活动进行的考核、评价与监督。其主要内容有：教育预算审计、教育财经法纪审计、教育经济审计和教育财务簿据审计。

教育审计制度是指保障教育审计活动得以进行的各种准则与规范。教育审计制度不仅对审计机构、审计人员、审计职能、权限范围、工作要求等都有明确的规定，而且对审计工作的原则、依据、体制、程序、方法以及审计结果的处理等都有明确具体的规定。

我国实行双重教育审计制度。首先，各级政府审计部门根据国家有关法律法规，对各级政府的教育财政收支和教育机构的财务收支进行审计监督。其次，教育系统内部的审计机构有依法行使教育审计监督的权力。

（4）教育税收制度

教育税收是指国家从国民收入中征收的用于发展教育事业的税赋，是一种国家专项税种。教育费附加不是国家税法所明确规定的、严格意义上的教育税收，但实际上已经具有了教育税收的性质。教育费附加的征收为国家开征教育税奠定了基础。

第八节　教育领导与决策

一、教育领导

1. 教育领导方式及教育领导风格概述

（1）教育领导方式

① 教育领导方式的内涵

在《新华字典》和《现代汉语词典》中，对"方式"一词的解释是一致的，都是"说话做事所采取的方法和形式"。由此推理出"领导方式"的概念应该是领导者在领导过程中所采取的领导方法和领导形式。但是在教育领导学范畴中，领导方式并不属于领导方法的范畴。领导方法是指实施领导的具体操作行为和程序。领导方式也不是简单的领导形式，而是指在领导过程中围绕着如何使用权力、如何看待下属等问题，领导者的态度和行为倾向与特点。领导方式总体上来讲是领导者在领导过程中表现出来的态度与行为特点。由此，我们可以把教育领导方式简单地定义为教育领导者实施指导时，在对待被领导者和使用权力等方面表现出来的态度和行为特征。

② 教育领导方式的类型

从领导对下属的态度角度，可以分为和蔼型领导和严肃型领导；从领导者的处事风格和行为表现角度，可以分为英雄式领导和平民式领导；从领导者管事多少与处理事情的方式的角度，可以分为繁杂式领导和简约式领导；从领导者的主要领导手段和风格的角度，可以分为刚性领导和柔性领导；从领导者对待下属和百姓的态度的角度，可以分为"官老爷"式领导和服务式领导；从领导者对待现状的态度与行动方式的角度，可以分为保守型领导、稳健型领导和开拓型领导。除以上分类外，还有交易式领导与变革式领导，魅力型领导、榜样型领导与教练型领导之分。

（2）教育领导风格

① 教育领导风格的类型

教育领导风格的分类可以从不同教育学家的角度出发。最有代表性的是卢因的领导风格分类，可以分为三类：一是专断型领导，特点是领导者专断独裁，把权力集中在自己手上，支配着群体的决策过程；二是民主型领导，特点是领导者注意让下属参与进来，进行公开的沟通，遇到问题同下属磋商，如果得不到下属的一致同意就不采取行动；三是自由放任型领导，特点是领导者给下属独立自主的权力，对他们放任自流，既不加以约束，也不加以指导。

卢因还研究了这三种领导风格与组织绩效的关系，研究的结论是民主型领导更有效，会产生很多团体意识和友谊，即使领导者不在场，拥有民主型领导的团体也能有较好的业绩。

② 不同领导风格的借鉴

最好的教育领导风格就是最适合时代要求、最适合于教育组织的特点、最适合于自己的特性与才能、最能够激励下属工作、与工作和任务的性质最符合、最能够促进自己与团体的发展、并能够最大限度地实现目标的领导风格。

每一名教育领导者都需要依据自己的特征和所面临的具体情况来选择和形成自己的教育领导风格。教育组织的特点是教育领导者的特殊性所在，的性格、人生态度与行为习惯是教育领导者的领导风格的底色。能否激励下属努力工作是评价良好领导风格的重要指标之一，下属的个性特征是制约领导风格的关键因素。

达成组织目标是领导的任务，任何教育领导方式都需要完成目标，不能完成目标的领导方式无论如何都不能称为优秀的领导方式。

每一种领导风格都有一定的特点、条件和作用，领导者在了解的基础上要善于运用各种领导风格的优势。

2. 教育领导者选择领导方式的主要因素

即使在一个国家，不同历史时期的特点也会反映到教育组织之中。特别是在我国，时代和社会的发展需要会直接转化为政府和上级领导的要求，促使教育领导者选择符合要求的领导方式。

（1）教育组织的特点

① 教育组织的公益性与稳定性

教育组织都是以育人而不是以营利为目的的组织。这一公益性特点决定了教育组织不能过于强调经济目的和手段。"关心人"应该高于"关心任务"，"人员取向的领导方式"应该重于"任务取向的领导方式"。

学校组织的这种公益性与稳定性决定着学校领导需要从长远发展的角度出发，不宜急功近利，不宜频繁地进行组织变革。在正常状态下，从整体上讲，稳健型领导方式应该是教育领导的常态。

② 教育组织的独立性与思想性

教育在为经济和政治服务的意识前提下，同样需要确立研究教育发展自身运行规律的新意识，使我们的教育越来越能按自己的本来规律运行，也就是按教育规律办教育。教育领导者需要掌握教育发展的规律，成为教育教学的行家里手。不能像办企业那样办教育，也不能像领导政治团体那样来领导学校教师。

之所以说教育组织有思想性，是因为教育是一种价值追求占主导地位的事业。教育组织，特别是学校，是一个有教育思想的组织，拥有正确的教育思想是成为优秀教育领导者的必要条件。教育领导者如果缺乏教育思想上的魅力，就难以成为卓越的教育领导者。

（2）自身的个性与才能

教育领导者的领导方式与风格与自身的个性与才能紧密相连，该因素主要可以分为品德修养、个性特征、才智结构以及个性与才能四个方面。

首先，一个具有责任感和使命感的教育领导者会努力提高自身的素质，增加自身的教育领导魅力；其次，个性特征以专制型为例，专制型的领导方式是以过于自尊、极端自信的人格特征为基础的，而软弱、自卑、懒惰和不负责任的习惯容易形成放任型的领导方式；再次，一个不懂业务的教育领导者，刚开始时只能采取以人员取向为主的领导方式，而一位业务能力很强的教育领导者则容易采取以任务取向为主的领导方式；最后，一位智慧的教育领导者一方面要从自己的性格特点和才能出发来，选择适合自己的教育领导方式，但更重要的是要全面提高自己的职业素养，能够根据工作的需要选择各种教育领导方式并熟练运用，以提高领导能力。

3. 教育领导方式及教育风格创新应用的建议

（1）用宽广胸怀包容人

一个学校的发展需要各方面的人才，教育领导者要有识才之明、用人之胆，更要有容人之量，要有海纳百川的宽广胸襟，要容纳不同意见，包容不同性格的人才。要尊重教师的不同观点、各种想法。要尊重教师的思想，提倡在目标一致的情况下，允许教师发挥个人的特长，用不同的方式实现目标，创造"八仙过海，各显其能"的良好局面。营造有序而又自由、紧张而又宽松的环境，给教师发展个性、展示特长的机会。要结合学校的工作实际，走入教师群体，深入了解教师，发现每一位教师的闪光点，要充分相信教师。每一位教师的潜能都是无限的，领导者要独具慧眼，发现教师身上的潜能，鼓励他、帮助他，使他的潜能浮出水面。人的性格不同，外显的能力也不同，特别是一些能力较强的人往往个性突出。"金无足赤，人无完人"，每个人都是缺点与优点并存的，而优点和缺点又有"共向性"，二者往往相伴而行，犹如峰高谷深，峰谷并存。比如，勇于开创者往往"自尊自负"，好学深思者往往"孤僻离群"。宋代文学家苏轼的"横看成岭侧成峰，远近高低各不同"的千古佳句，形象地描写出庐山从不同角度的观察下所体现出来的千百种形态。观山如此，看人也如此。领导者要客观地看人、全面地看人、发展地看人，从大节上看人、从长远处看人。学校里的人也是各有不同，正所谓千人千面，千人千心，不可能人人都和自己秉性、作风相投。遇见和自己心意相投之人，当然是件值得欣慰的事；遇见和自己观念、作风截然不同的人也无须苦恼，因为适度地接纳不同的观点，求同存异，可能会帮助管理者更深入、全面地思考，使工作更顺利地进行。

（2）用真情打动人

有一句话真实地反映了情感管理的真谛："当老师得到满满的爱时，他才会把满满的爱给学生。"学校是一个发现爱、培养爱、传播爱的地方。苏州大学博士生导师朱永新说过："爱的教育，是教育力量的源泉，是教育成功的基础。"夏丏尊先生也说："教育没有情感，没有爱，如同池塘没有水。没有水就不能称其为池塘。没有情感，没有爱，也就没有教育。"这里更多的是指教师对学生的爱。但是，教师作为传播爱的使者，同样需要得到来自学校管理者的关爱。这便要求教育领导者对教师有更大的情感投入，用情打动教师，用爱感染教师。具体体现在教育领导者要从内心深处关爱每一位教师，关心他们的个人发展目标、思想动态、业务进展，真心倾听教师的心声，关注教师的喜怒哀乐，与教师成为相互信任的朋友。这种融洽的关系有利于减少领导者与教师间的壁垒，使彼此坦诚相待；这种和谐大家庭的氛围可以使教师的工作积极性、创造性提高，使工作效率增长。

任何一种领导方式都不是万能的，它需要管理者根据学校的特殊性适当取舍，做到"因材施教"，形成自己独特的管理风格。领导方式没有最好的，只有最适合的。领导风格的选择没有金科玉律，在众多领导风格中能达到最佳效果的风格就是最适合的。但有一条是共性的，那就是：学校的决策不是管理者的独断专行，而应是建立在教师共同意志的基础上。这样的决策才是有效的，才能使管理的效力发挥到最大限度。

（3）用创新精神感染人。教育领导者要有强烈的创新意识，这包括改革意识、实践意识、建设意识、风险意识和研究意识。其中，创新意识是促使个体进行创新的重要心理，没有创新意识的领导者在实践中进行创新的概率极低。教育领导者要想在学校管理中不断创新，必须具备综合的素质基础、能力基础和较深的教育教学理论功底；要具备顽强的个性，尤其是坚定的自信心，要坚定不移、当机立断、敢作敢为；要有充沛的精力，有独立的思考和判断能力。在创新的过程中，还要注意不被琐碎的小事蒙蔽双眼或困扰，要抓住事物的本质，看准了就坚持到底。

二、教育决策

教育决策是指为实现预定的教育目标，采用科学的理论和方法，从多种预选方案中选择一个最佳行动方案或就一种方案所做出的决定。好的教育决策是取得良好教育成效的先导。

1. 决策正确

（1）遵循科学决策的一般步骤和方法。包括：掌握情况，确定目标；群众参与，民主讨论；多种方案，对比优选；深思熟虑，果断决策；试验实证，普遍实施，等等。

（2）建立决策参谋咨询机构。包括：选拔人才，建立机构，明确任务，讲究方法。

（3）提高教育管理者的决策修养。要求决策者具有创新精神、科学素养、民主作风、决断魄力等。决策按性质分，有教育战略决策和教育战术决策；按时间分，有长期、中期和短期教育决策。由于任何决策都要变革现实，必然涉及各种人的利害关系，开始往往不被理解，甚至遭到反对，教育管理者要善于宣传解释，进行教育引导，使决策顺利实施。

2. 科学决策、民主决策是教育政策过程的基本诉求

中国正在进入教育政策时代。教育关乎国家的长远发展，教育涉及千家万户的切身利益。近几年，我国教育改革的步伐紧凑，各项具体政策一个接着一

个出台，用"乱花渐欲迷人眼"形容并不过分。针对很多教育政策难孚众望、教育改革零碎敲打的情况，亟需制定教育改革与发展的长期战略规划，通过发扬民主，集中民智，加强调查研究，提出一个符合国情的促进社会经济发展和满足人们教育愿望的教育蓝图。

社会各界人士对科学的教育政策怀着殷切期望，在此时期，党和政府在研制《国家中长期教育改革和发展规划纲要（2010－2020年）》过程中的所作所为，就充分体现了我国政府推进教育政策决策科学化、民主化的信心和决心。但是，由于我国的国情以及复杂的地区差异等原因，要在教育实践领域实现科学决策、民主决策和依法决策，还有很长的路要走。

"民主决策""科学决策"一直是党和国家所倡导的决策思路和目标。国民素质的提高、国家的繁荣昌盛都离不开科学的教育政策所规制的教育事业的发展。我国的历史发展以及国外的教育实践都表明，教育政策、决策的重大失误绝对会导致各阶层的利益失衡，从而扰乱社会正常发展的秩序，造成不可估量的智力损失，于国于民都是得不偿失的。正如有学者指出，教育决策的民主化和科学化，不仅是一个意义深远的理论问题，也是一个至关重要的实践问题；不仅是一个技术性的问题，也是一个深刻的道德问题；不仅是关乎教育发展的问题，更是关乎政治稳定、社会进步和民族团结的大问题。此话可谓一语中的。所以，在制定宏观的长远规划与微观的针对性措施方面，如何提高教育政策宏观调控的科学性、有效性，以及教育政策如何最大化地保证受益人群真正得益，并对不利人群进行合理补偿或者提出保障措施，正在考验着教育政策决策者们的决策智慧。

第三章　教学管理

第一节　教学管理概述

教学管理是运用管理科学和教学论的原理与方法，充分发挥计划、组织、协调、控制等管理职能，对教学过程各要素加以统筹，使之有序运行，提高效能的过程。教育行政部门和学校共同承担教学管理工作。教学管理涉及教学计划管理、教学组织管理、教学质量管理等基本环节。

一、任务

1.制订学校教学工作计划，明确教学工作目标，保证学校教学工作有计划、有步骤、有条不紊地运行。

2.建立和健全学校教学管理系统，明确职责范围，发挥管理机构及人员的作用。

3.加强对教师的教学质量和学生的学习质量管理。

4.组织开展教学研究活动，促进教学工作改革。

5.深入教学第一线，加强检查指导，及时总结经验，提高教学质量。

6.加强教务行政管理工作。

二、主要内容

1.过程管理

教学过程是根据一定的社会要求、教学目的和学生身心发展的特点，由教师的教和学生的学所组成的双边活动过程。这个过程是由教师、学生、教学内容和手段等要素构成的。教师是教学过程的主导因素，学生是教学过程的主体因素，教学内容和手段是教学过程的客观因素。教师教学的过程是由备课、上课、课外辅导、作业批改、成绩考评五个基本环节所构成的。学生学的过程是由课前预习、听课、复习巩固、考查、掌握和运用五个基本环节所构成的。教学过程的管理，也就是按照教学过程的规律来决定教学工作的顺序，建立相应的方法，通过计划、招待、检查和总结等措施来实现教学目标的活动过程。

2. 业务管理

教学业务管理是对学校教学业务工作所进行的有计划、有组织的管理活动。教学业务管理是学校教学管理的重要组成部分，它决定着学校教学管理的水平。

3. 质量管理

教学质量管理是按照培养目标的要求安排教学活动，并对教学过程的各个阶段和环节进行质量控制的过程。学校教学管理的中心任务在于提高教学质量。

4. 监控管理

教学监控分为教学质量监控（可归科组管理）和教学过程监控（可归年级管理）。所谓教学质量监控，就是根据课程对教学的要求，对教学的过程和情况进行了解和监测，找出反映教学质量的资料和数据，发现教学中存在的问题，分析产生问题的原因，提出纠正问题的建议，促进教学质量的提高，促进学生学习水平的提高和教师的专业发展，从而保证课程实施的质量，保证素质教育方针的落实。监控是过程，评价是结果，目的是促进。

三、教学管理的现代化

1. 利用多媒体

应根据教学目标和教学对象的特点，通过教学设计，合理选择和运用现代教学媒体，并与传统教学手段有机组合，共同参与教学全过程，将多种媒体信息作用于学生，形成合理的教学过程结构，达到最优化的教学效果。常见类型为通过多媒体教室进行现代化的教学管理。

2. 优化制度

反思现行的学校教学管理制度，我们不难发现其存在的弊端：以"分"为本。现行教学管理，盛行分数主义。分数是评定学生学业成绩的重要手段，也是考查教师教学质量的重要指标；是促进教师工作和学生学习的一种强有力手段，是控制教师工作和学生学习的一根极可怕的"魔杖"，分数管理严重歪曲了教学改革的价值取向。校章校制是学校办学经验的结晶和反映，但有些学校过分细化规章，把教师和学生当成管理的对象，把领导变成监工，这种管理严重扭曲了教学的本性。因此，构建人性化的学校教学管理制度势在必行。

重建以"校"为本的教学研究制度。学校进行教学研究必须以校为本，即要从学校教学实践中的问题出发，通过全体教师共同研究，达到解决问题、提高质量的目的。概括起来就是：在学校中，通过学校，为了学校。教学研究要在学校取得"合法"地位，并真正成为学校教学改革发展的永恒动力，故而必须进行制度的建设。同时通过制度化的建设，在学校形成一种崇尚学术、崇尚研究的氛围，这是保证教学改革和教学专业化发展最有力的内在机制。

重建"民主科学"的教学管理机制。教师参与学校民主管理的状况，直接影响着民主化教学意识的养成。为此，学校必须改变以往"家长式"的管理方式，建立民主、科学的教学管理机制，建立健全由教师、学生、学生家长、教育专家或社会知名人士组成的教职工代表大会制度，加强民主管理和民主监督，使广大教师可以通过一种法定的形式和正常的渠道参与学校管理工作。

重建"促进教师成长"的考评制度。首先在考评内容和标准上，要体现新课程的精神，反映教师创造性劳动的性质和角色转换的要求以及教学改革的方向。要把教师的教学研究、教改实验、创造性教学和校本课程开发以及师生关系引入考评的范围。其次在考评的组织实施上，要努力使考评过程成为引导教师学会反思、学会自我总结的过程，从而进一步提高认识，更新观念。最后，考评结果要防止片面化和绝对化，杜绝分数主义，要从教师专业成长的过程来看待每次考评的结果，为教师建立档案，帮助教师全面了解自己，明确自己所处的成长阶段和进一步努力的方向。

3. 新课改

从课程社会学的角度而言，课程实施的过程同时也是学校教育价值观和学校文化重建的过程。有人认为，新课程改革持续发展有三大推动力：第一，热情和责任；第二，校本研究制度的建设；第三，学校文化建设。我们认为新课程持续发展的核心动力应该是新的学校文化。在新课程推进过程中，学校文化必须引起我们足够的关注。教学工作是学校的核心工作，学校通过各种有效的教学将教育目的、课程蓝图变为现实。我们的切入点和着力点应该放在"教学管理制度的重建"上。

简单地说，教学管理制度就是保障教学系统有效运行的组织形式和行为规范。用外延方式来下定义，教学管理制度是教学管理体系（组织结构）和教师教学的行为准则（教学常规）的总和，它包括教学思想管理、课程计划管理、教学过程管理、评价与考试管理、教研科研管理和教学行政管理等。

事实上，无论是理论界还是实践领域，都未把教学管理上升到"制度"的层面。《教育学》《教育原理》《教学论》等著作中讲"教育制度""教学组织形式""教学管理"，而不提教学制度，甚至在著作《学校管理学》里也很少有专章论及"教学管理制度"。实践上以"教学常规"论之。但教学管理制度确实存在，它具体表现为一种教学组织结构，比如班级授课制；表现为一套关于教学程序与教学行为的规范体系，比如教学常规；同时它还是一套分类系统与激励机制，如教师的职称晋升等。教学管理制度是教学系统高效运行的基本保障。教学系统由有形的教学人员、教学设施设备和教学时空等物质和无形的课程理念、教学思想等意识组成。正是由于教学管理制度，如同计算机程序一样，把教学系统的各种因素连接成一个整体，教学活动才得以有序、规范、高效地运行。一方面，课程理念、教学思想总是要借助一定的制度才能转化为人们自觉的行动，变成现实；另一方面，人员设施等又总要避开制度才得到合理的开发与利用。

4. 新理念

新课程改革是一场以课程教材改革为表征的，反映时代精神的教育革命，是对产生于计划经济时代、与经济社会发展相脱节的学校教育全面的整体变革，它绝不是用一种教材去更换另一种教材，用一种教学技术去更换另一种教学技术，而是包括教育目标、课程体系、教学思想以及教学管理制度在内的全方位的变革。而只有教学组织机构、规范体系、内在激励机制发生了根本的变化，课程改革才不会流于形式，半途而废，才会持续深入。可见，教学制度重建既是新课程改革的外在保障，又是新课程改革的重要组成部分。我们面对着一个个非常实际的亟需调整的管理问题：如何组织集体备课，如何写教案，如何组织观摩研讨、评课、议课，教师工作量如何计算，教师考核评价怎么进行，学生期末综合评价如何进行，等等。我们认识到，原来的一套常规管理制度已有很多不适应教学改革的要求，重建符合新课程理念的教学管理制度已刻不容缓。

第二节　教学计划管理

教学设计是指根据课程标准的要求和教学对象的特点，将教学诸要素有序安排，确定合适的教学方案的设想和计划。一般包括教学目标、教学重难点、教学方法、教学步骤与时间分配等环节。

一、定义

加涅曾在《教学设计原理》中对教学设计加以界定："教学设计是一个系统化规划教学系统的过程。教学系统本身是对资源和程序做出有利于学习的安排。任何组织机构，如果其目的旨在开发人的才能均可以被包括在教学系统中。"

帕顿在《什么是教学设计》一文中指出："教学设计是设计科学大家庭的一员，设计科学各成员的共同特征是用科学原理及应用来满足人的需要。因此，教学设计是对学业业绩问题的解决措施进行策划的过程。"

赖格卢特对教学设计的定义基本上同其对教学科学的定义一致。因为在他看来，教学设计也可以被称为教学科学。他在《教学设计是什么及为什么如是说》一文中指出："教学设计是一门涉及理解与改进教学过程的学科。任何设计活动的宗旨都是提出达到预期目的的最优途径，因此，教学设计主要是关于提出最优教学方法的处方的一门学科，这些最优的教学方法能使学生的知识和技能发生预期的变化。"

梅里尔在发表的《教学设计新宣言》一文中对教学设计所作的新界定值得引起人们的重视。文章认为："教学是一门科学，而教学设计是建立在这一科学基础上的技术，因而教学设计也可以被认为是科学型的技术。"

美国学者肯普给教学设计下的定义是："教学设计是运用系统方法分析研究教学过程中相互联系的各部分的问题和需求。在连续模式中确立解决它们的方法步骤，然后评价教学成果的系统计划过程。"

学习教练肖刚这样定义教学设计："教学设计是一个系统设计并实现学习目标的过程，它遵循学习效果最优的原则，是课件开发质量高低的关键所在。"

二、方法特征

1. 目的

教学设计是为了提高教学效率和教学质量，使学生在单位时间内能够学到更多的知识，更大幅度地提高学生各方面的能力，从而使学生获得良好的发展。

2. 方法

（1）教学设计要从"为什么学"入手，确定学生的学习需要和学习目标。

（2）根据学习目标，进一步确定通过哪些具体的教学内容提升学习者的知识与技能、过程与方法、情感态度与价值观，从而满足学生的学习需要，即确定"学什么"。

（3）确定要实现具体的学习目标，使学生掌握需要的教学内容，应采用什么策略，即"如何学"。

（4）要对教学的效果进行全面的评价，根据评价的结果对以上各环节进行修改，以确保促进学生的学习，获得教学的成功。

3. 特征

教学设计具有以下特征：

（1）教学设计是把教学原理转化为教学材料和教学活动的计划。教学设计要遵循教学过程的基本规律，选择教学目标，以解决教什么的问题。

（2）教学设计是实现教学目标的计划性和决策性活动。教学设计以计划和布局安排的形式，对怎样才能达到教学目标进行创造性的决策，以解决怎样教的问题。

（3）教学设计是以系统方法为指导的。教学设计把教学各要素看成一个系统，分析教学问题和需求，确立解决的程序纲要，使教学效果最优化。

（4）教学设计是提高学习者获得知识、技能的效率和兴趣的技术过程。教学设计是教育技术的组成部分，它的功能在于运用系统方法设计教学过程，使之成为一种具有操作性的程序。

三、教学设计的原则

1. 系统性原则

教学设计是一项系统工程，它由教学目标和教学对象的分析、教学内容和教学方法的选择以及教学评估等子系统组成，各子系统既相对独立，又相互依存、相互制约，组成一个有机的整体。各子系统的功能并不等价，其中教学目标起指导其他子系统的作用。同时，教学设计应立足于整体，每个子系统应协调于整个教学系统中，做到整体与部分辩证的统一，以及系统的分析与系统的综合的有机结合，最终达到教学系统的整体优化。

2. 程序性原则

教学设计是一项系统工程，诸子系统的排列组合具有程序性特点，即诸子系统有序地成等级结构排列，且前一子系统制约、影响着后一子系统，而后一子系统依存并制约着前一子系统。根据教学设计的程序性特点，教学设计中应体现出其程序的规定性及联系性，确保教学设计的科学性。

3. 可行性原则

教学设计要成为现实，必须具备两个可行性条件。一是符合主客观条件。主观条件应考虑学生的年龄特点、已有知识基础和师资水平；客观条件应考虑教学设备、地区差异等因素。二是具有操作性。教学设计应能指导具体的实践。

4. 反馈性原则

教学成效考评只能以教学过程前后的变化以及对学生作业的科学测量为依据。测评教学效果的目的是获取反馈信息，以修正、完善原有的教学设计。

四、教学设计的基本要素

"模式"是对理论的一种简洁的再现。不论哪一种教学设计模式，都包含有下列五个基本要素：教学任务，教学目标，教学策略，教学过程，教学评价。五个基本要素相互联系、相互制约，构成了教学设计的总体框架。

1. 教学任务

新课程理念下，课堂教学不再仅仅是传授知识，教学的一切活动都是着眼于学生的发展。在教学过程中促进学生的发展，培养学生的能力，是现代教学思路的一个基本着眼点。因此，教学由"教"教材向"用"教材转变。以往教师关注的主要是"如何教"的问题，现今教师应关注"教什么"的问题。也就是需要明确教学的任务，进而提出教学目标，选择教学内容和制定教学策略。

2. 教学目标

教学设计中对于目标的阐述，能够体现教师对课程目标和教学任务的理解，也是教师完成教学任务的归宿。

新课程标准从关注学生的学习出发，强调学生是学习的主体，教学目标是教学活动中师生共同追求的，而不是由教师所操纵的。因此，目标的主体显然应该是教师与学生。

教学目标确立了知识与技能、过程与方法、情感态度与价值观"三位一体"的课程教学目标，它与传统课堂教学只关注知识的接受和技能的训练是截然不同的。体现在课堂教学目标上，就是注重追求知识与技能、过程与方法、情感态度与价值观三个方面的有机整合，突出了过程与方法的地位，因此在教学目标的描述中，要把知识技能、能力、情感态度等方面都考虑到。

3. 教学策略

所谓教学策略，就是为了实现教学目标，完成教学任务所采用的方法、步骤、媒体和组织形式等教学措施构成的综合性方案。它是实施教学活动的基本依据，是教学设计的中心环节。其主要作用就是根据特定的教学条件和需要，制订出向学生提供教学信息、引导其活动的最佳方式、方法和步骤。它包括四个方面的内容：①教学组织形式；②教学方法；③学法指导；④教学媒体。

特别要指出的是，板书作为传统的、常规的媒体在我们的教学中还应该有一席之地，而且还占有相当大的比重，所以在设计教学媒体时千万别忽视了对板书的设计。

4. 教学过程

众所周知，现代教学系统由教师、学生、教学内容和教学媒体等四个要素组成，教学系统的运动变化表现为教学活动进程（简称"教学过程"）。教学过程是课堂教学设计的核心，教学目标、教学任务、教学对象的分析，教学媒体的选择，课堂教学结构类型的选择与组合等，都将在教学过程中得到体现。那么怎样在新课程理念下，把诸因素很好地组合，是教学设计的一大难题。

5. 教学设计自我评价

新课程理念下，教学设计在功能上与传统教案的不同之处在于它不仅仅是上课的依据。教学设计，首先能够促使教师去理性地思考教学，同时在教学认知能力上有所提高，只有这样，才能够真正体现教师与学生双发展的教育目的。

五、教学设计书写

1. 书写内容及步骤

（1）教学设计说明：写出本教学设计意图和整体思路（突出新课程特点）；

（2）教学分析：包括教学内容的分析和学情的分析；

（3）教学目标：知识与技能，过程与方法，情感态度与价值观；

（4）教学策略（或学法指导）：选用的教学方法，教学手段，教学媒体及板书设计；

（5）教学过程；

（6）教学反思、评价。

2.书写说明

（1）书写的形式可以是文本的，也可以是表格的，也可以将文本和表格二者结合。

一般文本形式可以比较充分地表达思想和具体的内容，信息量大，但不宜直观地反映教学结构中各要素之间的关系。而表格形式能够比较简洁、综合地体现教学环节中教、学诸因素的整合。因此，我们认为，教学设计的书写或者以表格书写，或者将文本和表格书写形式合二为一，后一种方式是比较理想的呈现，如采用文本形式书写前端分析，教学过程则一般以表格形式书写，从而组织出一篇教学设计方案。

（2）教学设计书写形式不是一成不变的，可以根据具体的内容要求灵活展现，所以应不拘一格，写出个性，写出创意，写出风采。

（3）教学反思评价对于教学设计来说也是一个必不可少的环节。

最后还需要说明的是，教学设计的内容和形式应该根据需要而定，如果是为了同行间探讨、交流，应选择较为详细的、理论性较强的内容和相应的形式；如果是教师为了在上课前展示自己对课的理解和策划，则可以相对淡化理论色彩并简化分析要素，更多地关注过程、方法策略、教学流程和板书的设计。总之，课堂教学设计方案的多元化和创新性是我们所追求的目标。

六、教学设计与教案

将教案与教学设计进行比较可以看出，从关注"具体的教材教法的研究"转变为关注"以促进学生学习的有效的教学策略研究"，是传统教案走向现代教学设计的根本转折点，只有弄清了二者的区别，才能够真正理解并掌握现代教学设计的理念和技术，在进行教学设计时才不会将二者混淆。

1. 脉络要"准"——教学设计的"出发点"。

2. 目标要"明"——教学设计的"方向"。

3. 立意要"新"——教学设计的"灵魂"。

4. 构思要"巧"——教学设计的"翅膀"。

5. 方法要"活"——教学设计的"表现形式"。

6. 练习要"精"——教学设计的"终结点"。

第三节　教学组织管理

教学方法论由教学方法指导思想、基本方法、具体方法、教学方式四个层面组成。教学方法包括教师教的方法（教授法）和学生学的方法（学习法）两大方面，是教授法与学习法的统一。教授法必须依据学习法，否则便会因缺乏针对性和可行性而不能有效达到预期的目的。但因为教师在教学过程中处于主导地位，所以在教法与学法中，教法处于主导地位。

一、内涵与分类

1.内涵特点

由于时代的不同，社会背景、文化氛围的不同，以及研究者研究问题的角度和侧面的差异，中外不同时期的教学理论研究者对"教学方法"概念的解说自然不尽相同。但教学方法的不同界定之间有一定的共性：

（1）教学方法要服务于教学目的和教学任务的要求；

（2）教学方法是师生双方共同完成教学活动内容的手段；

（3）教学方法是教学活动中师生双方行为的体现。

教学方法是教学过程中教师与学生为实现教学目的和教学任务的要求，在教学活动中所采取的行为方式的总称。教学方法的内在本质特点是：

（1）教学方法体现了特定的教育和教学的价值观念，它指向实现特定的教学目标要求；

（2）教学方法受到特定的教学内容的制约；

（3）教学方法受到具体的教学组织形式的影响和制约。

2.分类模式

（1）国外教学

① 巴班斯基的教学方法分类

分类的依据是对人的活动的认识，认为教学活动包括三种成分，即知识信息活动的组织、个人活动的调整、活动过程的随机检查。其把教学划分为三大类。

第一大类：组织和自我组织学习认识活动的方法。

第二大类：激发学习和形成学习动机的方法。

第三大类：检查和自我检查教学效果的方法。

② 拉斯卡的教学方法分类

分类的依据是新行为主义的学习理论，即刺激——反应联结理论。

（教学方法——学习刺激——预期的学习结果）

依据学习刺激在实现预期学习结果中的作用，学习刺激可分为 A、B、C、D 四种，据此相应地归类为四种基本的或普通的教学方法。

第一种方法：呈现方法。

第二种方法：实践方法。

第三种方法：发现方法。

第四种方法：强化方法。

③ 威斯顿和格兰顿的教学方法分类

依据教师与学生交流的媒介和手段，教学方法被分为四大类。

第一大类：教师中心的方法，主要包括讲授、提问、论证等方法。

第二大类：相互作用的方法，包括全班讨论、小组讨论、同伴教学、小组设计等方法。

第三大类：个体化的方法，如程序教学、单元教学、独立设计、计算机教学等。

第四大类：实践的方法，包括现场和临床教学、实验室学习、角色扮演、模拟和游戏、练习等方法。

（2）中国教学

① 李秉德教授主编学论中的教学方法分类

按照教学方法的外部形态，以及这种形态下学生认识活动的特点，中国的中小学教学活动中常用的教学方法被分为五类。

第一类方法：以语言传递信息为主的方法，包括讲授法、谈话法、讨论法、读书指导法等。

第二类方法：以直接感知为主的方法，包括演示法、参观法等。

第三类方法：以实际训练为主的方法，包括练习法、实验法、实习作业法。

第四类方法："以欣赏活动为主的教学方法"，例如陶冶法等。

第五类方法：以引导探究为主的方法，如发现法、探究法等。

② 黄甫全教授提出的层次构成分类模式

黄甫全教授认为，从具体到抽象，教学方法是由三个层次构成的。

第一层次：原理性教学方法。解决教学规律、教学思想、新教学理论观念与学校教学实践直接的联系问题，是教学意识在教学实践中方法化的结果。如启发式、发现式、设计教学法、注入式方法等。

第二层次：技术性教学方法。向上可以接收原理性教学方法的指导，向下可以与不同学科的教学内容相结合，构成操作性教学方法，在教学方法体系中发挥着中介性作用。例如：讲授法、谈话法、演示法、参观法、实验法、练习法、讨论法、读书指导法、实习作业法等。

第三层次：操作性教学方法。指学校不同学科教学中具有特殊性的具体的方法。如语文课的分散识字法、外语课的听说法、美术课的写生法、音乐课的视唱法、劳动技术课的工序法等。

二、常用方法

1. 讲授法

讲授法是教师通过简明、生动的口头语言向学生传授知识，发展学生智力的方法。通过叙述、描绘、解释、推论来传递信息、传授知识、阐明概念、论证定律和公式，引导学生分析和认识问题。运用讲授法的基本要求是：

（1）讲授既要重视内容的科学性和思想性，同时又要尽可能地与学生的认知基础发生联系；

（2）讲授应注意培养学生的学科思维；

（3）讲授应具有启发性；

（4）讲授要讲究语言艺术，即语言要生动形象、富有感染力，清晰、准确、简练，条理清楚、通俗易懂，音量、语速要尽可能适度，语调要抑扬顿挫，适应学生的心理节奏。

讲授法的优点是教师容易控制教学进程，能够使学生在较短时间内获得大量系统的科学知识。但如果运用不好，学生学习的主动性、积极性不易发挥，就会出现教师满堂灌、学生被动听的局面。

2. 讨论法

讨论法是在教师的指导下，学生以全班或小组为单位，围绕教材的中心问题，各抒己见，通过讨论或辩论活动，获得知识或巩固知识的一种教学方法。这种方法的优点在于，由于全体学生都参加活动，可以培养他们的合作精神，激发学生的学习兴趣，提高学生学习的独立性。一般在高年级学生或成人教学中采用。运用讨论法的基本要求包括三个方面。

（1）讨论的问题要具有吸引力。讨论前教师应提出讨论题和讨论的具体要求，指导学生收集、阅读有关资料或进行调查研究，认真写好发言提纲。

（2）讨论时，要善于启发、引导学生自由发表意见。讨论要围绕中心，联系实际，让每个学生都有发言机会。

（3）讨论结束时，教师应进行小结，概括讨论的情况，使学生获得正确的观点和系统的知识。

3. 直观演示法

直观演示法是教师在课堂上通过展示各种实物、直观教具或进行示范性实验，让学生通过观察获得感性认识的教学方法。直观演示法是一种辅助性教学方法，要和讲授法、谈话法等教学方法结合使用。运用直观演示法的基本要求是：

（1）目的要明确；

（2）现象要明显且容易观察；

（3）尽量排除次要因素或减小次要因素的影响。

4. 练习法

练习法是学生在教师的指导下巩固知识、运用知识、形成技能技巧的方法。在教学中，练习法被各科教学广泛采用。练习一般可分为以下几种。

（1）语言的练习。包括口头语言和书面语言的练习，旨在培养学生的表达能力。

（2）解答问题的练习。包括口头和书面解答问题的练习，旨在培养学生运用知识解决问题的能力。

（3）实际操作的练习。旨在形成操作技能，在技术性学科中占重要地位。

5. 读书指导法

读书指导法是教师指导学生通过阅读教科书或参考书，以获得知识、巩固知识、培养学生自学能力的一种方法。

6. 任务驱动法

教师给学生布置探究性的学习任务，学生查阅资料，对知识体系进行整理，再选出学生代表进行讲解，最后由教师进行总结。任务驱动教学法可以以小组为单位进行，也可以以个人为单位组织进行，它要求教师布置任务要具体，其他学生要积极提问，以达到共同学习的目的。任务驱动教学法可以让学生在完成"任务"的过程中，培养分析问题、解决问题的能力，培养学生独立探索及合作的精神。

7. 参观教学法

是指组织或指导学生到实验基地进行实地观察、调查、研究和学习，从而获得新知识或巩固已学知识的教学方法。参观教学法一般由校外实训教师指导和讲解，要求学生围绕参观内容收集有关资料，质疑问难，做好记录。并在参观结束后，整理参观笔记，写出书面参观报告，将感性认识升华为理性知识。参观教学法可使学生巩固已学的理论知识，掌握最新的前沿知识。参观教学法可以分为准备性参观、并行性参观、总结性参观。

8. 自主学习法

为了充分拓宽学生的视野，培养学生的学习习惯和自主学习能力，锻炼学生的综合素质，教师通常会给学生留思考题，或在遇到一些生产问题时，让学生利用网络资源自主学习、寻找答案，提出解决问题的措施，然后进行讨论评价。

自主学习法主要应用于课程拓展内容的教学，组织学生自主学习，按照论文的形式撰写学习小论文并交由老师评价。它能锻炼学生提出问题、解决问题的能力和论文写作能力。

三、选择运用

科学、合理地选择和有效地运用教学方法，要求教师能够在现代教学理论的指导下，熟练地把握各类教学方法的特性，能够综合地考虑各种教学方法的各种要素，合理地选择适宜的教学方法并能进行优化组合。

1. 选择教学方法的基本依据

（1）依据教学目标选择教学方法

不同领域或不同层次的教学目标的有效达成，要借助相应的教学方法和技术。教师可依据具体的可操作性目标来选择和确定具体的教学方法。

（2）依据教学内容特点选择教学方法

不同学科的知识内容与学习要求不同；不同阶段、不同单元、不同课时的内容与要求也不一致，这些都要求教学方法的选择具有多样性和灵活性的特点。

（3）根据学生实际特点选择教学方法

学生的实际特点直接制约着教师对教学方法的选择，这就要求教师能够科学而准确地研究、分析学生的上述特点，有针对性地选择和运用相应的教学方法。

（4）依据教师的自身素质选择教学方法

任何一种教学方法，只有适应了教师的素养条件，并能被教师充分理解和把握，才有可能在实际教学活动中有效地发挥功能和作用。因此，教师在选择教学方法时，还应当根据自己的实际优势，扬长避短，选择与自己最相适应的教学方法。

（5）依据教学环境条件选择教学方法

教师在选择教学方法时，要在时间条件允许的情况下最大限度地运用和发挥教学环境条件的功能与作用。

2. 教学方法的运用

教师选择教学方法的目的，是要在实际教学活动中有效地运用。

首先，教师应当根据具体教学的实际，对所选择的教学方法进行优化组合和综合运用。

其次，无论选择或采用哪种教学方法，要以启发式教学思想为运用各种教学方法的指导思想。

最后，教师在运用各种教学方法的过程中，还必须充分关注学生的参与性。

四、几种新的教学方法和模式

1. 过程启发式教学法

过程启发式教学法是针对传统的启发式教学提出来的，人们在对传统的启发式教学的研究中发现，这种教学在很大程度上是一种以结果为中心的启发。这种启发法的特点是，在教学过程中，针对具体的问题，教师头脑中先有了一个结果（答案），然后通过所谓的启发式提问，提出一个个问题，一步步引导学生向预设好的结果逼近，直到把这个结果问出来。这样做的直接后果就是使学生形成对教师提问的依赖，即教师向他提问他就会回答，离开教师的提问他就不会思考。

那么应该用什么方法去引导学生呢？应该运用过程启发式的教学法。启发式教学的目标不应该是问出一个标准答案，而应该教学生学会思考，提问要指向思考过程和思考方法。

过程启发式教学的基本实施步骤是：根据学生学习知识、技能所需要的高效思维方法，按思维流程设计相应的启发式问题，根据所设计的问题启发学生思考，并逐步过渡到让学生自己向自己提出问题、自我启发。这一方法的实施从根本上解决了如何使学生学会学习、学会思考的问题。

2.元认知教学法

元认知是人对自己的思想观念的一种认识。比如你现在解一道题，你会用什么方法思考呢？是简便方法还是笨拙方法？这种针对自身的思考、思维过程的认识，就是元认知。由于元认知是针对自身的思维活动的认识，其一大功能就是帮助人们调控自己的思维过程，改进自己的思维活动，使自己的思维能更加科学、和谐，因此，要培养学生的思维能力，就必须培养学生的元认知能力，使学生能更好地调控自己的思维过程。

进行元认知教学主要从以下三个方面入手。

（1）教给学生元认知的知识。主要是关于怎样科学思维的方法和技巧。

（2）积累学生的元认知体验。元认知体验是指在学生解决一个问题时，要让他体验到，用原来的方法思考不好、不容易解决问题，而用现在学到的新的思维方法去思考，会更好、更容易地解决问题。当学生有了这种体验以后，再遇到问题，他们就知道应该用简便方法去思考，而不是用笨拙方法。

（3）训练学生的元认知监控能力。元认知监控包括两个方面，一个是自我监视，一个是自我控制。自我监视就是在思考问题的时候，学生要监视自己是否用了好方法去思考。因此元认知的第一步，就是要意识到自己正在用什么方法思考问题，这方法好不好。之后要实施控制。如果发现这是好方法，就继续下去；当发现自己方法不得当时，就开始控制，换一种方法去思考。元认知监控是一个元认知发挥作用的过程，但是这种监控很难。学生在思考问题时，往往把思维集中在问题上，而不注意自己在运用什么方法思考，因此，要想培养元认知监控的能力，就要进行训练。训练的方法是自我提问法，即自己给自己提问题，比如说，一个题拿到手后，首先该干什么呢？应该分析问题。因此要问自己：我仔细分析问题没有？分析问题之后，接着该干什么呢？第一步、第二步做了，我第三步做了没有？就这样通过自我提问来推动思维的发展。

这种教学方法的运用，是过程启发式教学法的延伸，通过这种方法的教学，能使学生由依赖教师的启发提问，逐渐转变为自我提问、自我启发。

3. 研究性学习指导法

研究性学习作为一种不同于传统学习的新型学习方式，根本目标在于培养学生的创新能力和实践能力。但是，对于研究性学习究竟该怎么搞，人们又普遍感到困惑。因为相对而言，传统的学习可以说是"接受性"的学习。在传统的课堂上，讲解式的教、接受式的学占主导地位，学生不直接接触客观实际，缺少直接经验。在这种方式下所获得的知识缺乏活力，特别是它不利于学生创新能力的培养。而在研究性学习中，教师教的方式和学生学的方式发生了巨大的变化，没有现成的知识可灌输。在这个过程中，教师的作用怎样发挥呢？这里认为，教师发挥指导作用主要有以下三种基本方法。

（1）教给学生关于如何研究的基本知识。

（2）教给学生做研究的具体方法，如如何提问、如何查资料、如何做实验、如何解决问题、如何与人合作、如何写论文等。

（3）运用样例启发、修正思路、及时点拨的方法指导学生。样例启发是指用样例来说明问题、启发学生思考的一种方法。修正思路是指在学生有了初步研究意向时，教师要结合实际情况，给他们以具体的修正思路或明确界定问题的指导。及时点拨是指教师在学生的探索过程中给予具体点拨与指导。

4.治学型学习指导法

治学型学习主要用于业余学习，是指学习者带着对某一领域的浓厚兴趣，主动地在该领域查寻、搜集资料（包括通过自己的实验和调查所积累的资料），并通过对资料的加工、处理，尝试建构新理论，从而掌握该领域的丰富知识和专门技能的学习过程。治学型学习既不像自学那样以教材的学习为主，也不像研究性学习那样通过解决问题或跨学科的综合性学习去体验和掌握科学的一般过程、方法和原理，它更强调专门领域的知识和技能的积累，更注意对某个领域的特殊兴趣的培养。通过治学型学习来培养大批的专门人才是社会发展的需要。那么，怎么进行治学型学习指导呢？这里提出以下几点意见：

（1）培养学生发现问题和研究问题的兴趣，帮助学生开展课外兴趣小组活动；

（2）培养学生搜集资料的能力、快速阅读的能力和科学处理资料的能力；

（3）培养学生构建理论思维能力和论文写作能力；

（4）培养学生献身科学、严谨求实、合作共事、独立钻研的治学精神。

百余所中小学近五年的教学实践证明，以上四种新的教学方法和教学模式（特别是过程启发式教学法和元认知教学法）是可行的、有效的，也是符合当下社会发展需要和教育改革发展方向的。当然，这几种教学方法和模式还需要在教学实践过程中进一步发展和完善。

第四节　教学质量管理

一、教学目标

教学目标是关于教学将使学生发生何种变化的明确表述，是指在教学活动中所期待得到的学生的学习结果。在教学过程中，教学目标起着十分重要的作用。教学活动以教学目标为导向，且始终围绕实现教学目标而进行。

教学目标可以分为三个层次：一是课程目标；二是课堂教学目标；三是教育成材目标，这也是教学的最终目标。

1. 课程目标

教学科目（学科）是教学内容的基本门类。

课程是指各个教学科目与课外活动的综合。

所谓课程目标，实际上就是教育部在各个学科的《课程标准》里，要求每个基础教育教学工作者在教学的过程中要认真关注的内容。

如在信息技术学科的普通高中《信息技术课程标准》中，对课程目标的描述为："普通高中信息技术课程的总目标是提升学生的信息素养。学生的信息素养表现在：对信息的获取、加工、管理、表达与交流的能力；对信息及信息活动的过程、方法、结果进行评价的能力；发表观点、交流思想、开展合作并解决学习和生活中实际问题的能力；遵守相关的伦理道德与法律法规，形成与信息社会相适应的价值观和责任感。"

普通高中 14 个学科的课程目标大都围绕知识与技能、过程与方法、情感态度与价值观这三个方面。

2. 课堂教学目标

课堂教学目标是指教学活动预期达到的结果，是教育目的、教学目标和课程目标的具体化，也是教师完成教学任务所要达到的要求和标准。

课堂教学目标比课程目标更具体，是课程目标在具体的教学过程中的体现。在某一学科的课堂教学中，教师需要根据课程目标和具体的教学内容来确定详细的教学目标，以便选择教学内容和确定教学效果。

（1）目标内涵

每门具体的学科目标都应包括三个方面的内容。

①知识与技能：即每门学科的基本知识和基本技能。

②过程与方法：即让学生了解学科知识形成的过程、"亲历"探究知识的过程；学会发现问题、思考问题、解决问题的方法；学会学习，形成创新精神和

实践能力等。

③ 情感、态度和价值观：即让学生形成积极的学习态度、健康向上的人生态度，使学生具有科学精神和正确的世界观、人生观、价值观，成为有社会责任感和使命感的社会公民等。具体而言，情感不仅指学习兴趣、学习热情、学习动机，更是指内心体验和心灵世界的丰富。态度不仅指学习态度、学习责任，更是指乐观的生活态度、求实的科学态度和宽容的人生态度。价值观不仅强调个人价值，更强调个人价值与社会价值的统一；不仅强调科学价值，更强调科学价值与人文价值的统一；不仅强调人类价值，更强调人类价值与自然价值的统一，从而使学生从内心确立起对真善美的价值追求以及人与自然和谐、可持续发展的理念。

可以说，知识与技能维度的目标立足于让学生学会；过程与方法维度的目标立足于让学生会学；情感、态度与价值观维度的目标立足于让学生乐学。

任何割裂知识与技能、过程与方法、情感态度与价值观三维目标的教学，都不能促进学生的健全发展。

（2）目标关系

知识与技能、过程与方法、情感态度与价值观是新课程目标的三个维度，而不是三块、三种类型。不是要在原来知识、技能的基础上再加上过程与方法、情感态度与价值观。三者本身是一个有机的整体，是同一事物的三个方面（侧面）。就像每一个立方体都有长、宽、高三个维度一样，课程目标也有三个维度：学生学习任何知识和技能都要运用一定的方法，不管是好的方法还是不好的方法；都要经历一个过程，不管是主动探究还是消极接受；在这个学习过程中，学生总会伴随一定的情感和态度，不管是积极的情感还是消极的情感，不管是敷衍的态度还是认真的态度，并且总会有一定的价值取向，不管是正确的取向还是不正确的取向。

所以说，三维的课程目标是一个问题的三个方面，而不是独立的三个目标。在课堂教学中，不能完成了一维目标再落实另一维目标，它们是联系在一起的，就像拿一个立方体，不可能只拿起"高"而不拿起"长"和"宽"一样。在研究层面，我们可以把它拆开，但在实践层面必须是三位一体，因为实践层面是面对完整的人的，绝对不能把它人为地分开，即不是将一节课分成三大环节，分别完成三个目标。

（3）实现方法

① 在学习的过程中实现三维目标

当今的课堂教学应当成为学生自主、合作、探究学习的天地。"自主学习"是指学生在学习的过程中有较强的主体作用，能够自我定向，自我选题，自我激励，自我监控和自我评价。"合作学习"是指学生在学习的过程中，借助小组和团队的力量，共同完成学习任务，更加有效地进行学习。"探究学习"是指学生在学习的过程中采用探究的方式———种在设定情境下的探究，通过自主、独立地选题、调查、收集资料，处理信息，交流材料，表达与交流等探索活动，获得知识技能，发展情感与态度，培养探索精神和创新能力的学习方法和学习过程。自主、合作、探究三者相辅相成，水乳交融，有机结合。自主、合作、探究的学习方式都是以学生为中心的，使学生成为学习和发展的主体。学生采取这样的学习方式，在学习的过程中由于有情感的投入，能获得有效的情感体验，有利于自身良好价值观的形成；同时也发展了自身的能力，积累了知识、文化。

② 在指导的过程中实现三维目标

新课程标准都是以学生的学为基础提出来的，淡化了教师的主导地位。但是，在课堂教学的过程中，教师的指导仍然起着至关重要的作用，这种作用是通过学生的主体地位的确立和学生自主、合作、探究学习的效果体现出来的。布鲁纳认为："学生是一个积极的探究者。教师的作用是创设一种能够使学生独立探索的情境，而不是提供现成的知识，学生不是被动的、消极的知识接受者，而是主动、积极的探索者。"课堂教学虽然应当成为学生自主、合作、探究学习的天地，但教师绝不是旁观者。教师应当积极地指导学生的学习过程，采取适当的学习方法。并且教师应当成为学生学习的合作者，主动积极地参与学生的学习过程，在参与的基础上指导。教师第一要利用有利于学生学习的因素，激发学生学习的内动力，让每个学生都能体会到学习的乐趣；第二要千方百计拓展学生自主、合作、探究学习的空间；第三要适当组织专题性探究活动。

教师要在注意学生能力和知识的基础上，指导学生选择适合自身发展需要的学习方法，在指导的过程中，激发学生的情感体验，丰富学生的知识，发展学生的能力。

③ 在实践的过程中实现三维目标

课堂教学过程，不仅是学生学习的过程和教师组织教学的过程，而且是学生实践的过程。因此，教师要注意对学生实践能力的培养，并且在培养学生实践能力的过程中，使三维目标得以实现。学生的实践活动包括识字写字、阅读、写作、口语交际、收集和处理信息、绘图、计算、测量、制作等。教师要注意重视学生的实践活动，在实践活动中培养其实践能力。由于学生的实践活动是自主、合作学习的过程，实践活动是学生掌握知识、培养能力的有效途径，还能使学生的情感体验得到升华。

④ 利用课程资源实现三维目标

课程资源包括课堂教学资源和非课堂教学资源。课堂教学资源都是按照新课程标准、三维目标的要求而设置的学习目标和学习任务。非课堂教学资源包括图书、报纸、刊物、电视、电影、网络环境、校园文化、社区风俗、文物古迹、自然景观、人文精神、国际国内大事、学生的日常生活等可供利用的课外学习资源。教师在引导学生开发和利用这些资源的时候，要指导学生采取适当的学习方式，要注重他们的情感体验以及获取知识的能力的发展。

⑤ 在教学的过程中实现三维目标

A. 主体参与的有效化。在教学的过程中，教师要尊重学生的人格，尊重学生的个性差异。要学会赞赏学生，帮助学生树立学习的兴趣。培养学生选择的能力和履行职责的能力，使学生有能力选择学习的内容和学习方法，能够胜任独立学习以及合作学习中自己的任务。教学要与学生的生活世界相联系，激活学生的生活经验，拨动学生的心弦，使学生作为学习主体能有效地参与学习的过程。

B. 情感态度的个性化。学生是千差万别的学习主体，在具体的学习内容、学习过程、学习场景、学习范畴中，在个人的情感体验上，也是各不相同。教师要充分尊重学生的这种差异，并注意保护和开发学生独特的个人情感体验，让个性化的情感体验在学生的学习过程中，在教师的指导过程中，得到丰富和发展。让学生能够对学习内容具备思想感情倾向，能够联系文化背景做出自己的评价。对学习内容中感人的情境和人物形象，能够说出自己的体验。

C. 目标任务的多样化。学生之间在知识结构、人生经历、生活阅历、情感倾向、个性特色、学习习惯和学习方法等方面都存在差异，这些差异都直接或间接地影响到学生学习的效果。所以，教师要使课堂教学所要求学生达到的目标任务多样化。让基础不同的学生都能都能达到适合自己发展需要的目标要求。这样，学生在达到自己的目标任务的前提下，都能够享受到学习成功的快乐，从而对学习充满信心，更顺利地进行更高层次的学习。

三维目标是相互联系、相互渗透的整体，是一个完整的人在学习活动中实现素质建构的三个侧面。因此，课堂教学应该全面关注三维目标，并将它整合于统一的教学活动过程之中。

二、教学计划

教学计划（课程计划）是课程设置的整体规划，它规定了不同课程类型相互结合的方式，也规定了不同课程对管理、学习方式的要求及其所占比例，同时，对学校的教学、生产劳动、课外活动等做出了全面安排，具体规定了学校应设置的学科、课程开设的顺序及课时分配，并对学期、学年、假期进行了划分。

1. 内容

教学计划是指根据一定的教育目的和培养目标制定的教学和教育工作的指导文件。它决定着教学内容总的方向和总的结构，并对有关学校的教学、教育活动，生产劳动和课外活动、校外活动等各方面做出了全面安排，具体规定了部分学校的学科设置、各门学科的教学顺序、教学时数以及各种活动等。教学计划、教学大纲和教科书互相联系，共同反映教学内容。

2. 现状

近代以来，特别是在实行学科课程的条件下，教学计划主要是学科的计划，或只是学科表。随着社会经济和科学技术的发展，教育结构不断发生变革，现代教育和教学理论主张对教学计划的结构实行改革。除了教学以外，生产劳动、科技活动、发展体力和增进健康的活动、艺术活动和社会活动等也应列入教学计划。工具课和一般科学知识课、自然学科和社会学科、普通教育课和职业教育课之间应相互渗透。在新知识不断涌现的形势下，只有必修课而无选修课的单一结构不能适应学生个性、才能的发展和知识多样性的要求，所以适当增设选修课已成为发展的趋势。一些选修课在一定条件下，可能成为必修课。为了防止学生负担过重，须控制教材的份量和难度，控制教学时数。根据学生的年龄特点与不同学科和活动的特点，也可适当改变每节课均为40分钟（或45分钟、50分钟）的固定课时制，试用活动课时制。

第四章　学校管理

第一节　学校管理概述

学校管理是学校对本校的教育、教学、科研、后勤和师生员工等各项工作或要素进行计划、组织、协调和控制的活动。管理的主体和客体都是学校自身，即学校对自身的管理，区别于教育行政部门对学校进行的教育行政管理。学校通过管理，把各项工作及其组成要素结合起来，发挥整体功能，以实现其对学生的培养目标和各项工作目标。

一、特点与表现

1. 学校管理的特点

以"学校发展、育人"为目的，制度化、人性化，与物质生产领域不同的特殊管理活动。

2. 管理与领导的关系

它们都是组织中的活动，其目的是一致的。在共同的组织活动中，领导作为一种特殊的管理活动而存在，是总体管理活动的一个组成部分。

3. 管理与领导的区别

实际上管理有广义和狭义之分，领导和狭义的管理相比较，在活动层次上，在对象、范围、任务和手段等方面都有不同，此时的管理仅指在战术层次上，对具体对象所进行的职能性实务活动，即实际掌管、治理和安排某种事务，做出技术性处理。在学校管理中，从总体上讲，对管理宜取广义理解，以概括学科领域范围内的全部内容；当分析具体问题时，应取狭义理解，同领导作概念并用。

4. 学校管理的表现

一是国家和政府所属的各级各类教育机构对学校的管理，二是学校自身的内部管理。

二、研究内容与方法

1. 研究内容

教育管理的主要研究内容包括：目标、原则、内容、过程、方法、制度、管理者。

（1）目标

办教育、管学校是一种有目的的活动。学校的一切工作，最终无非是为了有效地实现某种预定的目标。

（2）原则

有效地开展学校管理活动，必须按照客观规律办事，否则，即便有了正确的目标，也是可望而不可即的。

（3）内容

在学校中，管理工作的门类很多，根据学校的特点，主要管理以育人为核心的教育工作以及学校管理的基本要素，人财物以及与此相伴随的各种特殊要素。

（4）过程

学校对各项工作的管理都是动态的。管理活动的程序性和周期性运转，是学校各项工作趋向目标的过程。

（5）方法

学校管理工作要讲方法，没有科学的方法，目标很难实现，所以要具体地研究管理方法问题。

（6）制度

学校是有目的、有组织、有领导的人群集合体，要想维系人群、协调各种活动，必须建立适合自身特点的组织制度。

（7）管理者

学校工作目标由管理者通过遵循合乎规律的管理原则，运用科学的管理方法，对各方面工作开展有效管理活动得以完满实现。

2. 管理方法

（1）尊重人

学校管理工作的领导者要尊重教师，善于调动他们的积极性。尊重教师，首先要用平等的态度对待教师，用朋友的身份与教师交往。领导者如果居高临下，冷若冰霜，就会在自己与教师之间竖起心理的障碍，形成心理的隔阂。其次要尊重教师的个性。每个教师都有自己独特的个性。在他们做好本职工作的前提下，领导者不要过分地追求管理要求上的整齐划一，不要用死板的条条框框去限制教师充满创造性的教学活动。

（2）理解人

教师的工作是复杂的、隐形的，不可单纯以时间来衡量，这就需要领导者对教师的工作性质、工作量给以理解。学校管理者应做这方面的有心人，增强与教职工的情感联结，这样一来，教职工也会视领导为知己，并且在国家、集体、个人之间的关系上找到最佳结合点。领导者应注意主动和教师交流，增进彼此的沟通和理解，拉近自己与教师的距离；要用爱心、关心、真心、诚心打造既严谨有序又宽松和谐的教职工群体，使自己和教师成为彼此信赖、相互尊重的知心朋友。

（3）关心人

教师承担着教书育人的重任，所承受的心理压力也比较大。学校管理者必须设身处地地替他们着想，多多关怀，减轻或转移他们的压力，让他们以较好的心理状态进行教育教学工作。

教师们是一个个活生生的人，他们有思想，有感情，有独立的人格，有各种需要，渴望自身价值的实现。领导者要关注教师的这些需求，帮助他们实现自身价值。

三、学校管理中的三个关键因素

"一个好校长就是一所好学校"，这种说法曾经风行一时。但从现代教育管理的角度看，它只适用于学校发展的初级阶段。我们常常看到，一所好学校随着一个好校长的离去而一落千丈、一蹶不振。学校的可持续发展除了需要一个有能力的校长外，还需要一套完善的管理制度和一个良好的校园文化精神，这样才能使学校管理真正从人治走向法治。

1. 依靠好校长，只是在学校发展的最初阶段

校长、制度与文化是学校发展的三个关键因素。就发展依靠什么而言，我们可以粗略地把学校发展分为三个阶段。

（1）在第一个阶段，学校的管理主要依靠校长的观念、人格与能力。从这种意义上，一个好校长就是一所好学校。

校长科学的教育观念为学校发展确定了正确的方向，校长的人格魅力凝聚了全校师生员工的情感，校长高超的管理能力极大地提升了学校运作的效率，校长的奉献精神无时不在感动着学校的师生员工，校长的价值追求处处在引领着学校的师生员工。

一个好校长就是一面高扬的旗帜，在促进学校发展中起着重要作用。于是人们在期盼着好校长，寻觅着好校长，并且尝试着运用各种方法培养好校长。但从现代教育管理的角度看，仅仅依靠校长的奉献精神、人格魅力和管理能力很难保证学校的长远发展。

（2）在第二个阶段，学校的管理主要依靠一套完善的管理制度和机制。

校长不在，这个学校依然能够保证正常运行——这就是从"人治"走向"法治"的表现，可以说，这是比第一个阶段层次更高的一个阶段。与仅仅依靠校长的人格魅力和管理经验的"人治"阶段相比，它为学校的可持续发展奠定了坚实的基础，它的存在有其特殊意义。正是看到了这一问题的重要性，我国不

少中小学对学校管理制度与机制的建设给予了高度的重视。当然,这是历史的进步。

(3)在第三个阶段,学校的管理主要依靠校园文化,其中最重要的关键词是校园,校园文化即学校教职员工的价值追求。

用文化来影响和引领教职员工的行为的管理手段,在影响、意义方面比单纯的制度建设、人格魅力更上了一层楼。用哲学的语言来说,这就是从必然走向了自主。

2. 能够用学校的目标凝聚全体教职员工是学校成功的关键

任何群体都是由个体组成的。群体的每一个成员都有自己的价值追求与人生目标。然而,学校能否在充分尊重并努力满足个体需要的基础上,用学校的目标凝聚全体教职员工是其能否取得成功的关键。让每所学校都能成为教职员工实现人生价值的场所,使学校在教职员工的人生价值得到充分实现的同时得到更快更好的发展,是学校文化引领的魅力所在。

第一阶段说到底没有规范的管理,它依靠的是个人的力量。从我国中小学管理实践来看,改革开放以来全国各地都出现过一批好校长,他们在推动我国基础教育的发展中发挥过重要作用。然而,随着他们退出校长的岗位,这些学校大多下了一个台阶,这不能不说是这种管理模式的悲哀。

第二阶段建立了规范的管理,它依靠的是体制、机制与制度的力量。它克服了仅仅依靠个别人的人格、良心、智慧与能力的缺陷,可以较好地防止由于个人良知丧失或能力低下而产生的各种问题,在优秀校长退出其岗位时,它也能在较大程度上保证学校的相对稳定与持续发展。

第三阶段的管理是超越规范的管理,它依靠的是道德与精神的追求。规范规定的是人应做什么与不应做什么,关心的是个人与他人、个人与集体的关系。没有规范的管理往往是随意的,基于规范的管理通常是稳定的,超越规范的管理才有可能是"自由"的。超越规范不同于没有规范,而是人们在对规范充分认同的基础上,将规范融入自己的血液里,自觉地贯彻在日常的行为中,并以更高的道德与精神追求来要求自己。

在这一境界，当教职工偶尔做了不应做的事，尽管有时这种行为是在无意中发生的，他们也会在相当长的一段时间里经历着自我谴责；而做了应该做的事时，又自认是天经地义的，即他们总是在高于规范的层次上坚定着自己的道德操守。

学校管理发展的这三个不同阶段是递进的。我们强调学校制度的完善与文化的建设，并不意味着校长就不再重要。一个好的校长在完善学校的制度与机制，以及推动学校文化建设方面都有重要作用。努力造就一大批优秀的中小学校长，并积极发挥他们的作用，在学校发展的任何阶段都有重要意义。

当然，在现代意义上，一个好校长的"好"就不能停留在奉献精神、人格魅力和管理能力等方面，而更要表现为在学校制度完善与文化建设方面的意识与作用。

3. 认识上的误区

（1）校长无关紧要

在一次讨论中，有人提出：在现代法治社会中，法规、制度决定一切；只要有了好的制度，校长无关紧要。其实，文化以及作为其重要组成部分的制度总是由人来制定并由人来执行的。在学校制度完善与文化建设过程中，校长无疑起着重要作用，并且在以后学校制度与文化的发展过程中，以言行对学校教职员工起着很大的示范作用。因而，可以说，校长是重要的，但仅仅依靠校长是不行的。

（2）制度就是束缚

很多人不喜欢制度，认为制度就意味着束缚，是对自己手脚的捆绑。事实上，没有对他人的束缚就没有对行为的宽松。当然，没有对个体的束缚也就没有群体的和谐。完善的学校制度是教育质量的保障，是各方利益的平衡，是校内健康人际关系的基础。

（3）文化虚无缥缈

在我国中小学教育阶段，很多人认为：校园文化是虚无缥缈的，在学校的发展中，所谓"文化"的作用十分有限。其实不然，校园文化是学校教职员工创造的，而是，它一旦被创造出来，就会被历史地继承下去。

在实践中，校园文化对包括学校校长在内的教职员工起着重要的引导、规范和激励作用。文化一旦融入人们的血液中，就给人无坚不摧的力量。

第二节　新课改的学校管理理念

一、管理目标：以人为本

新课改中学校管理的目标是建立"以人为本"的管理理念，人本化管理在学校管理中表现为：尊重人、关心人、解放人、激励人和发展人，并将它们作为学校管理的指导思想，将人作为管理中的主体，使学校的人力资源得到充分的发挥，在学校管理过程中实现学校中每个成员的目标和学校的整体目标。人本化管理的特征是将"人"作为管理核心，使用信息、财、物等管理要素，配合"人"进行管理；改变传统学校管理的服务对象，将学生、教师和家长纳入服务对象之中；教师使用敏锐的观察力观察学生行为的含义，认识到学生的感知方式，在管理过程之中使用情感移入的方式。

贯彻以人为本的教师管理，需要加强对教师的信任，使教师的专业化程度不断提高。教师在学校管理中既是被管理者又是管理者，因此，其在学校管理之中占有重要的地位。传统的学校管理理念没有重视教师作为管理者的作用，缺乏对其自身主动性的发挥；教师无法参与到学校各项政策的建设中，处于决策的最底层，只是作为传达学校各项政策的媒介，没有将主人翁的作用充分发挥。学校应该满足教师自我实现和被尊重的需要，充分发挥教师在管理中的主体性作用，了解教师的所思、所想，满足他们的情感需要和物质需求，激发教师在教学中的积极性和创造性，不断促进教师专业化水平的提高。教师在工作过程中应该不断吸收新的知识，促进自身的发展。学校应该对教师的创新进行鼓励，使教师在工作中形成独特的工作作风和教学风格，使用适用于学生的教学方式，充分发挥他们的主观能动性，将学校管理组织建设成为学习型的组织，与不断发展的学习型社会相适应。学校要加强对教师的在职培训，促进教师的不断发展，为教师提供财力等方面的支持，引入竞争机制，针对学生的特点，使教师向智能型不断转变。学校要树立以学生为本的发展理念，强调在学校管理中学生的重要地位，充分激发学生的自身价值，挖掘学生的潜能，促进学生的全面发展，尊重学生的尊严和价值，在对学生身心发展规律进行研究的基础上，根据素质教育的原则，按照其自身的发展规律进行教学，并根据客观条件的变化对课程的设置等问题进行调整。教师要针对学生的状况，选择合适的教学方式和教学方法，激发学生在学习过程中的积极性和创造性；要求同存异，促进学生个性化的发展。学校要通过组织学生参加各种社会实践活动，培养学生的各项潜能，同时使自身通过这种实践性质的教学形成独特的教学特点和教学理念。

学校教育的目的不是简单地向学生灌输知识，而是促进学生综合能力的提高，改变学生的人生观、世界观和价值观，使学生的发展与社会的发展相适应。学校应建立完善的教学评价系统。新课程明确指出了教学评价系统不仅要对学生的成绩作出评价，同时要不断挖掘和发现学生的各项潜能，使学生能够认识自身，建立足够的自信，更好地面对挫折和挑战。学校还要改变课程结构，以满足学生发展的需求，提高学生参与学校管理的积极性、主动性和适应性，最终促进学生学习方式的转变。要建立有家长参与的董事会，贯彻以人为本的管理理念，由家长、教师和学生共同管理和决策学校的事务，减少学校管理权过于集中的现象，使学校的决策向民主化的方向发展。要真正了解学生、教师和家长的需求，调动他们按照学校制度工作的主动性，转变以往金字塔结构的管理层次，增加家长参与学校管理的权利。

二、管理原则：注重绩效

在实施学校管理的过程中要注重管理绩效。从管理学的角度看，绩效就是对组织期望发生的结果，是组织为了实现目标在不同层次上的输出。绩效包括效益和成绩，是管理活动的成效和结果。在学校管理中，管理绩效表现为学校组织者的行为方式和行为结构所产生的效益和成绩，是对全体教师和学校各个组织之间职能履行能力的评价。学校领导班子通过对绩效的重视，来对教师的工作能力、工作结果和工作行为进行评估，使教职工能够达到预期的管理目标，使教师和学生取得优秀的成绩，最终促进学校的创新、稳定和可持续发展。学校要建设科学的学校领导组织结构，不断提高教师和学生的满意程度，使组织的绩效得到不断的提高，使学校得到发展，同时要建立科学的工作团队，通过团队中每个领导的努力，产生积极的整体性作用，使团队整体的绩效水平大幅度提高。

学校领导重视绩效管理，实行治庸问责的制度，可以使教师对学校的归属感不断增加，可以使学校的管理目标和教师自身的发展目标相适应，从而使学校和教师一起完成工作的目标。教师应该清楚地知道学校绩效和自身绩效之间的关系，充分体验到工作的价值，努力完成自身的工作，最终使学校的目标得以实现。学校的领导应对绩效管理进行反思，使用科学的方式对自身进行评价，正确认识学校的全体职工，建立科学、合理的绩效评估标准，为教职员工的培养、使用、分配、调整、晋级和聘任提供科学的依据，使教职员工的责任和行为不断向规范化的方向发展，促进激励机制和竞争机制的形成，最终使学校得到全面的发展。学校领导应该在绩效管理中不断反思自身的行为，总结自身的经验教训，建立起一套完善的科学的绩效管理体系。

学校管理者重视绩效管理有利于促进校长的专业化水平。校长在日常的事务性管理中，当面对难以控制和突发性的问题时，应该不断在实践中进行反思，加强解决问题的能力。针对学生的实际情况，学校领导可以建议根据新课程改革的理念，对学生的教材进行改革。针对新课程改革的特点，应该充分开发学校领导班子的集体性作用，促进学校领导责任心的不断加强。学校领导通过参与学校的管理实践，对自身和学校存在的问题不断发掘，针对自身的发展目标和学校的发展目标构建出学校未来的发展计划。

同时，加强对学校领导的绩效管理，有助于学校管理效能的提高。具体来说就是要着眼于学校管理工作中的实效性，使学校的领导能够充分使用学校的人力、物力、财力和其他资源，提高教育教学任务的效率和质量。绩效管理的核心在于对学校资源进行合理的优化配置，在直接实施学校管理活动后，充分调动教职员工的创造性和积极性，提高学校管理的效能。要培养具有强势能力的管理者，即校长本身需要拥有优秀的管理素质，善于对学校管理进行控制和调配。要不断完善学校领导的个人素质，提高其科学地进行决策的能力。在提高学校管理效率的同时，要建设和谐的学校文化，最终促进教育品质的提高和资源的优化配置。

在学校管理中实施治庸问责的制度，有利于建设具有和谐文化的校园环境，实现学生和教师之间的和谐相处。要将民主和法制作为管理的关键，对学校内部和学校外部的资源进行优化配置，以构建平等友爱、互相团结的学校环境。

三、管理制度：科学民主

学校管理要重视管理制度的科学民主性。在制定管理制度的过程中，要体现民主化的特征，积极听取教职员工广泛的意见，吸收各方面的合理建议。在进行教代会之前，要对每个教师的提案进行考虑，使每个教师都充分参与到会议中来，减少校长"一言堂"的现象。将每个教师都纳入学校管理中，建立一个由教师、校长和学校中层领导组成的组织，对教师的提案进行记录和分析，及时进行回复，采纳有建设性的意见，并对提出这些意见的教师及时给予表扬。对教师提出的学校管理中的不足之处，要限期进行整改，培养教师自觉参与学校管理的意识。

要提高学校管理过程中的民主性特征。在以往的管理结构中，管理人员只是简单告知了应该如何执行项目，但是没有考虑到基层教师的看法，新的学校管理制度应该让学校领导和教师共同参与到学校管理中。校长应该寻找合适的机会，将学校管理的责任和权利交给基层的教师和职工，使他们能够解决与自身切实相关的问题，将管理作为每一个教职员工的责任，通过教职员工的民主参与，对学校的管理实施监督，调动他们对学校管理的积极性和主动性。要想实现管理制度的全员参与，避免校长"一言堂"的现象，就要转变以往扁平化的管理层次，加强对管理执行能力的建设。要适当分解校长的权力，通过对工作过程和工作内容的民主化决定，使学校管理的方式不断完善，增加学校中层管理者的责任心和主动意识。同时校长还要提高自身的管理技能，在集体化的沟通中不断改进和思考，促进团队整体管理能力的提高和改善，增加团队协作能力，促进团队人员的共同进步，真正达到管理目标。

校长要增加与其他管理者之间的合作与交流。因为校长管理学校的程序会受到很多因素的影响限制，所以校长要在管理工作中听取多方面的意见，充分发挥学校教职员工的集体性智慧，通过团队协作，使自身能力不足的现象得到弥补，使学校管理制度向科学化的方向发展。只有让更多的教职员工参与到学校管理制度建设的过程中，才能增加学校管理制度的科学性。同时，校长要充分发挥其在教育管理中的重要作用，培养自身的专业素质，使自身的知识结构和业务能力不断增强，使用科学的人生观、教育观和质量观进行学校管理工作，针对学校管理工作的特点，建立起完善科学的管理思路。同时，校长应该加强自身的服务意识，使用科学的方式进行学校管理，在管理过程中充分发挥榜样的示范作用，树立良好的自身形象和学校形象，及时发现问题和解决问题，将为学生和教师服务的意识落到实处，不断深化教学改革，推进素质教育。校长在管理的过程中还要坚持"以人为本"的科学思想，彻底落实素质教育的要求，促进学生的终身发展和全面发展。要在学校管理的过程中引入奖惩机制，使用制度和情感对学校管理进行约束，加强学校的创造力和竞争力，最终提高学校的办学水平和教学质量，做到以诚实的心态对待师生，以真挚的情感打动师生，以道理说服师生。学校领导在实施科学管理的过程中要将开展学生的自我管理和教师教育的评价相结合，将"四个整体的负责制"全面实行。最终通过校长的示范作用，培养出一个乐于奉献、科学高效、多元参与的管理团队。

四、管理评价：注重过程

学校管理的过程就是学校进行管理决策活动的过程，学校管理是围绕着实现决策、执行决策和制定决策来进行的。一个学校决策能力的高低会影响其管理效能的强弱。

学校管理的决策过程在实践中向简单化方向发展，甚至会出现管理学校的领导一时冲动"拍脑袋"的现象。学校管理的决策应该是一个完整的过程。学校的决策过程会对学校未来的发展状况、发展原则、发展内容和发展目标产生影响，涉及学校管理中的各个方面。例如，学校开发课程的过程包括确定课程题目、调研学校情况、组成科研队伍、合理安排科研经费，只有对这些问题进行全面的、合理的研究，才能做出决策。

因此，学校管理的领导在面对服务对象——学生时，更要重视学生学习的过程，避免过分看重结果的现象。要切实地参与到教学过程中，尊重学生的个性和尊严，了解学生的所思、所想、所感，不仅要了解学生的学习需求，更要了解学生的生活需求。只有在这种充分沟通的基础之上，才能全面了解学生亟需解决的问题。在制订教学计划的时候，一定要避免题海战术，应该要有针对性地让学生养成预习的习惯，使他们在上课之前主动地对新课程进行学习，找出课程的难点和重点，从而增加学生在学习过程中的主动性；还要培养学生独立写作业的能力，让他们在思考之后再开始写作业，减少因为粗心而造成的错误；还要不断纠正学生在学习过程中的错误习惯，让学生充分利用课堂时间，在教师布置作业后马上开始书写，增加学生对于时间的紧迫感。学校领导对教学的合理安排，有利于提高学生的自信，使其养成良好的学习习惯，从而在避免学生陷入题海战术的同时，提高了学生的学习成绩和综合能力。

要转变在校长领导下的政教处、教务处和办公室人员的管理方式和管理职能，使他们不断适应新课程改革的发展，杜绝在教学中体罚学生的现象。体罚学生不仅是教学方式不正当的体现，更是教师失德的体现。在社会主义市场经济不断发展的今天，学校的管理者应该加强对教师的道德建设，在实施管理的过程中，着眼于师德师风的建设，将道德作为政策实施的落脚点。教师应通过不断提高自身的道德水平，用自身的威信和能力影响学生，通过道德伦理加强与学生之间的沟通教师应不断提高自身的创造性、示范性和知识性，在对学生进行教育的过程中严格遵守相应的行为规范和道德准则，根据时代的发展不断促进自身道德素质的提高。为了避免社会上不正确的金钱观在教师之间蔓延，为了在市场经济时代保持自己的生命力，学校必须加强对教师的师德建设。教师应该不断培养自身的业务水平和科研能力，创造出与学生良好的沟通环境，在学校中建设出一种尊重学生、尊重知识的氛围，反对那些不尊重学生的错误思想。同时学校要加强对教师的培养，使教师具有持续发展的能力，使他们的理论修养和道德水平不断提高，促进教师今后的发展。尊师爱生已经成为被教师和学生广泛接受的道德观念，因此我国小学生和教师之间的主流道德观念仍然是健康的，但是师德建设仍然需要一个漫长的发展过程，所以要不断增强教师的专业意识，提高教师在教学过程中的责任感和专业感。学校领导要保证和教师、学生之间沟通的畅通，对于那些违反师德的现象及时发现、及时制止，同时要对这种不正之风予以严厉的惩罚。

第三节　当前学校管理存在的实际问题

一、学校管理缺乏以人为本的理念

尽管很多校长在学校管理中努力实践着以人为本的管理理念，在很多方面都取得了进展，但是依然存在着一些问题，主要表现在以下几个方面。

首先，在观念上，学校的领导和教职员工之间存在着对以人为本的理念看法不一致的现象。学校的领导往往重视学校管理制度的有效执行和完善，但是教师更强调在以人为本的学校管理理念实施过程中的合理性和灵活性。再加上，无论是学校领导还是教师都无法对以人为本的理念全面地理解，即对这种管理理念的认识较为肤浅，没有在管理中做到真正地尊重人才和发展人才。

其次，在制度上，很多学校都缺乏完善、合理和科学的管理制度，有的学校甚至没有制度化的规定来明确管理制度的规范，或者制度依然需要依靠管理人员或学校领导的经验进行，在制定管理制度的过程中缺少技术性。有的学校缺乏对学校管理制度的宣传，因此，很多教师对本校的管理制度并不了解。有的学校领导只重视学生的竞赛成绩和考试成绩，这与素质教育的理念相违背，也不符合以人为本的管理理念。还有一些学校领导在考绩制度和考勤制度方面实施不合理的末位淘汰制，严重阻碍了人本管理制度的实施。在学校管理的实践中，每个学校因为主观因素和客观因素都存在很大的差异。

第三，在个别地域的学校，或者学校的不个别年级之中，教师无法切实实现以人为本的管理理念，对应试教育的成绩过于重视，人本化管理的实施受到很多阻碍，尤其是在发展学生和尊重学生的方面亟需改进。很多学校领导对教书育人存在错误看法，忽视"育人"的工作，在对学生进行教育的过程之中，一味地要求学生的比赛成绩和考试成绩。由于学校领导的工作围绕着如何提高学生成绩这一问题，相应的，教师在教学的过程中也不得不一切围绕着成绩，因为只有这样，才能保证不被末位淘汰、不被扣奖金、不被停岗转岗。而本应对学生进行的综合性教育则被学校的领导忽视，也无法获得学生家长的理解和认同。久而久之，就形成了只有让学生提高分数的学校领导才是好的领导的观念，以人为本的思想没有得到真正的体现，"育人"的效果不显著。

以人为本的管理理念同时也是课程管理中的重要变革，学校领导在进行学校管理时应该重视学生的发展，使学生的主体性得到充分发挥，充分考虑到学生自身的心理特点和生理特点。但是在具体的教学目标中，一些教师没有改变一味提高学生成绩的做法，只重视了对学生知识能力的培养，而忽视了对学生综合能力的发展，没有培养学生发现问题和解决问题的习惯。在设置课程时，虽然增强了课程的结构性特征，但是没有注意到课程的开放性，使学生在选择课程上缺乏自由性和自主性，无法为学生的个性发展提供有利的条件。学校领导应该建设适合学生多元化发展需求的课程体系，在学校之中推行学分制，同时可以让学生选择学习人文素养类的课程，提高学生的价值取向，培养学生对高尚理想的追求，使学生的思维方式、心理调适、审美发展和情感发展不断完善。同时在教材编写的过程中，应该改变以往的教材观念，树立以人为本的思想，形成融合技能和知识、方法和过程、价值观和情感的人性化的教学教材，通过教材的改革引导教师进行教学方式的改革，使学生的学习方式发生改变，给学生留下充分的拓展空间和发展空间，同时针对不同地域和不同教育背景的学生的特点，总结出教材的编写规律。在课堂教学中，部分教师缺乏对学生精神需要的关注，而以人为本教学理念的核心就是要尊重学生，将培养学生健全的人格和丰富的知识作为教师的首要任务。因此，教师在教学课堂上要重视学生的主体性地位，提高学生在学习过程中的积极性和创造性，培养学生主动构建知识和不断发展潜能的能力，引导学生的价值观念和情感态度，促进学生的个性发展，使学生能够通过自主性的学习不断反思自己的行为，促进认知的发展，尤其要重视对学生终身发展的建设，建设科学的教学评估体系。

二、学校管理的低效率问题

学校管理的关键是决策，一个学校的决策水平的高低会直接影响到其管理效能的强弱。随着中小学校长负责制的实施，学校的事务性和执行性决策的效能得到了很大的提高，但是随着信息和知识的不断发展，学校的管理中依然存在着低效的现象。

随着社会的不断发展，学校的规模也不断地扩大，学校领导要在管理机制和管理模式上重新考虑，为制度化的管理打下扎实的基础，因为制度化的管理模式能够提高学校管理的效率，消除学校管理过程中出现的矛盾，成为调整学校领导和教职员工关系的原则和辨别行为正确与否的标准。在学校制度执行的过程中，要提高决策的执行效率，也就是要提高控制的水平。在学校管理中，控制不仅要解决做什么的难题，同时要解决具体应该怎么做的问题，要使用高效的手段执行决策，使学校管理事半功倍，在控制的过程中将效益和效能相结合，做出综合性的评价和考察，使学校的执行效率不断提高。

学校的资源包括人力资源、物力资源和财力资源，因为学校的资源总量是有限的，所以需要通过学校领导团队的相互协作，将有限的学校资源不断进行优化配置，使学校管理的效率得到最大化的发挥，同时通过资源的优势互补，减少教职员工的后顾之忧，充分发挥其在工作中的长处，使学校管理的能力得到大幅度的提高，最终促进学校管理效率的提高，使学校的执行能力不断提升。

学校管理者之间存在着协调能力不强的现象，他们在工作中各自为政，使工作效率降低，在学校管理中很难进行团队工作，在执行过程中经常出现断层的现象，严重影响了组织的执行能力。

一些学校的管理者在执行管理制度的过程中，互相推卸责任，而且在缺乏信息沟通的情况下，很容易各自为政，导致教职员工无法有效地执行学校的各项政策。在学校管理的过程中，管理制度往往缺乏有效的沟通机制，只在每个学期结束的时候召开会议，基层的声音如果想要反映到学校管理者的耳中，需要经过层层的审核，在审核的过程中往往造成教师意见的扭曲。面对沟通渠道杂乱无章的状况，学校管理者没有对多种沟通渠道进行有效地控制和整合，最终使信息混乱，不仅增加了讨论的时间，而且很难达成共识，阻碍了学校管理的有效运行，最终使学校管理工作的效率十分低下。在这样的状态下，一旦教职员工遇到困难却无法有效地解决，管理者又没有办法指导，就会产生很多误会，使学校执行的效率大大降低。在学校领导和教职员工进行沟通的过程中，很容易因为彼此的地位不同，而影响沟通的效果。学校的领导在与教师进行沟通的过程中，会认为对方的能力和地位比不上自己，不能有效地接受对方的意见和建议；教师在和学校领导沟通的过程中，会因为对方的职务较高，出现表现失常的情况，引起一些尴尬的局面。上述情况会使上级和下级之间缺乏有效的沟通，无法相互谅解，最终影响学校管理的高效实施。

三、校长负责制

随着校长负责制的实施，学校管理的效能得到了很大提高，但是学校管理随着信息和知识的不断发展，产生了很多变化，所以必须对校长负责制重新审视。在校长负责制下，学校的决策存在着"灰色化"的趋势，由于校长的能力和其他因素的限制，在进行决策的过程中会出现缺乏科学性，仅仅依靠以往的经验进行决策的想象，决策者，即校长，会根据以往的知识、阅历、洞察力、知觉和智慧作出决策。这就使学校的管理过于依赖校长的个人因素，一旦出现个人的决策失误，会使学校的发展受到重要的影响。教育管理的本质是对人的管理，而这种管理制度在处理人际关系的过程中，很大程度上依靠校长的工作意识和工作经验，对于一些量化的考评机制缺乏必要的科学调控，使决策往往受到非理性因素的影响。而校长负责制的实质就是将集体决策和个人决策有机地融合到一起。学校在决策过程中存在着集体决策的方式，它能使决策的认同程度不断提高，但是相应的需要花费更多的时间使教师、学生和领导的意见达成一致，使学校管理的效率降低，甚至造成了责任不明确的现象。

在进行学校管理的过程之中，日常的执行性、行政性和一些事务性的日常工作可以由校长负责，一些关系到学校长远发展的问题，如学校改革、学校全局发展和学术性重要问题应该由集体共同决策，因此，校长负责制的学校管理应该将集体决策和个人决策有机地结合到一起。但是在实际的实施过程中，往往存在着校长"一言堂"的现象，对影响学校长久发展的问题也没有引入集体决策的机制，即教职员工没有充分参与到学校的决策中。

校长负责制中往往会出现学校管理效率低的现象，随着社会的不断发展，学校的规模也不断扩大，原有的学校管理方式从本质上说是使用人对人进行管理，校长负责制缺乏制度化的规范，学校内部缺乏一个畅通的沟通渠道，应该形成规范的、系统的依靠制度进行管理的学校管理制度，使管理内部的公平性不断增加。因此，学校需要不断完善校长负责制，通过严格地遵守制度化的学校管理，转变以往使用人管理人的旧有模式，实行"依靠法律、严格执法、依靠制度"的管理方式，通过制度化、智能化的学校管理方式，使学校的执行力和管理效率不断提高。

在校长负责制中，中层管理者很容易出现各自为政、互相推诿的现象，相互之间没有进行有效的信息沟通，导致学校的政策无法有效地实行。例如，学校在教育局组织的考试中，语文学科的成绩偏低，校长提出要提高语文教学质量的看法。下属的某科室说："学生语文成绩差是教师教学水平不理想引起的。"某科室又说："学生语文成绩差是教师的师资素质不理想造成的。"还有科室说："学生语文成绩不理想是学生没有良好的学习习惯。"诸如此类。每个科室都提出了各自的看法，并且在没有充分沟通的情况下，就展开了如火如荼的修正工作，教师根据不同科室的指示不停地培训和听课，不仅无法有效、系统地提高学生的语文成绩，而且加重了教职员工的负担。

在校长负责制实施的过程中，很容易产生沟通的"位差效应"，具体来说就是具有上位者心理的管理者由于自身的社会层次较高，具有某种优越感，而相对来说，下位者因为所处的社会层次较低，多会产生自卑感。沟通过程中的位差效应，会对教职员工和校长都产生负面影响，在实际的工作中会产生官僚主义的现象，导致欺上瞒下现象的产生。校长在工作的过程中由于存在上位者的心态，容易妄自尊大；相应的，下属会在工作之中阿谀奉承。由于各自的视角不同，管理者会对教职员工的意见和建议存有抱怨，认为它们是没有根据和缺乏思考的；相对的，教职员工因为自身的提议长期没有受到重视，会认为校长官僚主义作风严重，最终使学校的战略目标无法实现。

四、管理考核应注重过程取向

学校管理者在进行管理时，一定要避免陷入考核的误区：在进行考核时，缺乏公正性。学校管理者制定奖惩措施以及考评教师成绩的做法，从侧面显示了学校的价值取向，影响了学校今后的长期发展目标。再过去，学校的考核更重视具体、表面的现象，通过对过去工作的比较，评定教师的优劣，并引入竞争机制，以此作出奖惩。这种方式缺乏对教师的关怀，将教师按照商业产品的规律进行考核，不符合教育的规律和性质，相应的，教师在考核学生的过程中也会出现过分看重学生成绩和排名的现象，忽视了学生的个性发展。教师应该认识到，学生升学率和成绩的高低，既不是教师单独决定的，也不是学生单独决定的，而是由教师、学生、家长、社会环境等多种因素共同决定的。因此，学校在对教师进行评价的过程中，不应该仅仅按照学生的成绩、升学率和排名进行，这种评价方式是不公正、不客观的，因为它没有重视教师教书育人这种工作的特殊性。教师在从事课堂教学之外，还要进行批改作业、学生家访、与学生进行沟通并定期开展班级活动等工作，需要对很多烦琐的事务进行管理，这些事务无法单一地使用学生成绩的好坏作为评价标准。同时教学教育具有长期性和持续性的特点，无法在短期内实现，而是随着学生的不断成长在学习和生活中显示出来的，所以根据学生一时的成绩和排名对教师进行考核是不现实的，应在教职员工的考评中实现公平、公正的考核机制。

学校的管理制度若缺乏教育性和可行性，在执行过程中会遇到很多问题。学校希望通过规章制度对教职员工的行为进行约束，使用考核制度提高学校的执行能力。但是一些教职员工并不愿意遵守新的规章制度，因为在实际工作中这些规章制度制约了教师工作的主动性和积极性。不合理的制度影响了学生和教师的活跃性、积极性和民主性，使他们产生了逆反心理。

学校在进行奖惩的过程中，不能过分重视结果而忽视过程。一些学校管理者只考核教职员工的工作结果，对教师的工作过程毫不关注，这种做法是对考核中奖惩标准的误解，如果无法管理和控制整个过程，就会奖惩不当。在学校具体的管理实践工作中，举例来说，一位教师被分配到学生学习基础比较薄弱的班级，由于学生的学习基础比较薄弱，教师即使十分努力也无法在短期内大幅度提高学生的学习成绩，而学校在期末的时候一味根据学生学习的成绩来对教师进行评价，并因为学生成绩进步缓慢而批评教师，这会严重打击教师教学的积极性和自信心，造成奖惩机制的不公平和不合理。学校的一些管理者，忽视了对人事问题和其他问题的关注，在学生升学率和成绩排名上花费了大量的人力、物力和财力，忽视了对教职员工素质的提高，造成了在学校管理中严重的人才浪费，这就使管理者的执行能力无法通过整个团队进行落实，最终使学校的竞争能力下降。

学校管理目标具有迟效性和长效性的特点，但是目前的学校管理目标存在着一味追求短期效益而忽视长期效益的特点。学校的管理目标缺乏连续性的特点，执行过程虽然十分顺利，但是一味追求学生的成绩和排名，反而会影响学校的长远利益，而且在执行的过程中经常会出现中断的情况，无法使教学目标有效地实施。

由此可见，成绩再优异的学校，在素质教育的进程中，也会出现这样或那样的问题，也会容易忽视学生的素质教育，使学校长期目标、中期目标和短期目标相矛盾，不利于学校今后的长远发展，导致学校竞争力发展缓慢。

第四节　适应新课改的学校管理体系构建

一、从控制管理走向人性化管理

新形势下的学校管理体系应该从控制管理向人性化管理发展。人性化管理制度服务于教师、学生和其他学校利益的相关者，坚持以人为本的思想，这里的"人"包括学生、教师、校长以及其他学校管理者。同时应不断完善学校管理制度的建设和学校管理方法的创新。学校管理的新观念，在新课程改革的过程中强调人的重要性，确立了人在学校管理中的重要作用，将发展人、关心人和不断调动人的创造性、积极性和主动性作为管理的落脚点和出发点。在管理的过程中应重视对学生学习的管理和对教师的教学管理。学校在管理的过程中，应该将以学生为本的思想落到实处，使学生得到全面的发展，同时坚持以教师为本的思想，使教师在教学之中的主体性作用得到充分发挥。应在学校管理实施的过程中，不断加强教学课堂的民主化建设，使学生在课堂中始终感受到和谐、宽松的氛围。

学校管理者应在学校管理过程中贯彻以教师为本的管理，加强对教师的尊重和信任，使教师的专业不断发展。教师在学校管理中有重要的地位，所以应充分发挥教师在教学中的创造性和积极性，满足教师对自我实现的需求和职业尊重的需求。学校管理者应尊重教师在学校工作中的主体性地位，充分了解教师的业务水平和思想水平，正确地任用教师，充分尊重教师的心理特征，调动其教学工作的积极性，提高教师的专业化水平。鼓励教师进行探索和创新，不断改进工作作风和教学方式，合理运用教学规律，将学生培养成与社会经济发展相适应的人才。要重视对教师的在职培训，使教师的业务水平不断发展。学校领导应为教师的在职培训提供人力、物力和财力上的支持，以提高教师队伍的水平，建设具有高素质的教师队伍。要建立科学、全面的评价体系，在评价的过程中要重视学生的潜能开发和综合性发展，要求树立以学生为中心的评价理念，在对教师进行评价的过程中，转变以往的奖惩性评价、管理性评价和静止性评价，在评价中促进教师业务能力的发展。

同时要树立以学生发展为本的理念，强调对学生人格和自尊心的尊重，充分挖掘每个学生的潜能，使学生的自身价值和个性都得到充分的发展。在制订教学计划的时候，应该充分了解学生的发展规律，将素质教育落到实处。按照学生的发展规律进行教学，针对学生的接受能力和学习背景制订出教学的进度安排，根据学生的客观情况不断调整教学方式，使学生学习的积极性和创造性不断提高。在人性化的管理方式下，根据学生的成长规律和学生的学习需求，提高学生对学习的兴趣，培养学生掌握信息和进行创新的能力，为学生的终身学习打下扎实的基础，使学生的创造能力、应用能力和分析能力得到提高，从而提高学生的学习能力。人性化的管理还要实现学生的全面发展，不仅向学生传递知识，还应该不断挖掘学生的潜能，强调在教学中不断适应学生个体发展的需要，帮助学生更好地认识自我，建立强大的自信心，养成积极学习的态度，在教授学生基础知识的过程中，培养学生的基本技能，在学生学习基础知识的过程中，培养学生正确的价值观念。要改变课堂结构，以适应有不同教育背景和教育基础的学生，使课程向选择性、均衡性和综合性的方向发展。

要不断加强学生生活和课程内容之间的联系，增加学生学习的经验和兴趣，鼓励学生积极参与到学习中间，增强学生对课程的适应性。同时，使用人性化的管理方式改善学生的学习方式，转变学生在学习过程中的认知取向和基本行为，培养学生合作、探索和自主学习的能力。比如在课堂上，很多学科均可尝试采用自主合作的教学方式，同时认真分析，总结教学经验，真正地将学生作为课堂的主体，将教师作为学生的服务者和引导者，以此来激发学生的学习兴趣和创新能力，提高学习中相关的语言组织能力及团结合作意识。总之，对于这类先进的教学方法和教学思想，学校和教师可以根据教学实际进行尝试，并在工作中创新和深入。

要建立平等的师生关系，在教育的过程中实现师生的共同发展，在培养学生学习能力的同时传授知识，使学生主动地学习。教师在教学的过程中要对学生的人格充分尊重，关注学生的个体性差异，针对不同学生的需求，创造适合学生发展的教学环境，使学生的积极性和创造性得到发挥，提高学生正确运用知识的能力。

总之，学校管理的归宿和起点都是"人"，管理活动始终都要坚持"人"的重要作用，管理的手段和管理的方法应该围绕"人"展开，充分发挥"人"的主观能动性，使"人"的内在潜力得到充分的发挥，促进人性化管理的不断发展。

二、实施学校管理的绩效评价制度

在实施学校管理的绩效评价制度时，首先要加强学校的制度建设。随着经济的不断发展，学校的规模也不断发展壮大，因此在建设绩效评价体系的过程中，要转变以往的管理制度，实现评价制度的智能化特征，增加学校在评价过程中的执行力和效率性。评价制度应该具有约束性的特征，因为制度体系的建设是完善绩效评价体系的根本保证，学校应该使用制度化的规范，对各个部门和教职员工的绩效进行考核，减少在评价体系实施过程中擅自行动和无所适从的情况。学校对领导的考核制度若不够完善，会使领导产生散漫的工作习惯和生活习惯，使学校的绩效评价体系无法顺利地实施。

很多学校在实施绩效评价制度的过程中，经常使用多种指标综合评价的方式，通过这些指标反映出学校的投入要素和产出要素。学校的实力是通过产出的质量和数量决定的，因此，仅仅将投入的要素作为对学校领导的考核标准是不科学的，应该从学校的投入和产出两个方面对学校领导进行考核，从而实现真正意义上的绩效评价。

在对学校领导进行考核的过程中，应该首先确定评估需要的指标，从教学的产出和教学的投入两个方面进行综合性的考量。从绩效评价的方面来说，评价学校领导的教育投入，不该考虑学校的学生情况、师资资源、学术资源和物资资源，而应该只考虑财力资源。从绩效管理的实施情况来看，学生情况、师资资源、学术资源和物资资源都是历史性的投入，如果把它们当作指标，无法对学校领导的绩效评估作出合理的判断。同时，在计算学校产出的过程中，不应该将学校吸收的财政拨款和其他的收入进行重复性的计算，这样做会使学校以往的绩效和现阶段的绩效相重合。在对学校领导进行绩效考核的过程中，应该将资产资源划入学校领导的绩效范畴，通过减少相关性很强的项目，提高学校领导绩效的权重和数目，最终使学校不断发展。绩效评价是一种特殊的管理行为，学校领导的绩效，尤其是学校校长的领导绩效是一种具有很强竞争力的能力，合理的绩效评价体系会使学校的竞争能力得到提高，保持学校的竞争优势和战略优势，因此能够反映学校校长绩效的绩效评价体系，将会对社会的发展和学校竞争力的提高产生重要的作用。

在对学校领导进行绩效评价的过程中，要综合教育投入和教育产出两个方面进行考虑。教育投入指的是国家财政拨款、学校自身筹划的经费、学生缴费、银行贷款和其他收入的总和。教育产出指的是在社会主义市场经济之中，学校所拥有的办学资源、教学产出、科学研究等的总和。办学资源指的是学校拥有的人力、物力、财力以及自主办学的能力。学校应该对社会和国家投入的教育经费自主支配，重视对教师队伍、基本教学条件的建设，使学校的绩效不断提高。因此，对师资力量的引进、对学科的建设和基础性建设是教育产出的重要指标。学校的教学产出包括学校的教学质量和毕业学生的质量。学校的科学研究能力是社会赋予学校的重要使命，科学研究能力是反映学校竞争能力的重要因素，是学校为社会做出的重要贡献。

学校领导的绩效，是学校领导所带领的整个团队在学校管理过程中付出的努力和获得的巨大成绩的比例。投入和产出的比例，就是学校的绩效，绩效不应该包括规模绩效和历史绩效，应正确地使用人均指标，对学校领导的绩效进行科学、有效的评价。学校校长应通过评价指标促进学校的不断发展，将教育改革落到实处，更好地实现新课程改革的要求。

同时，应加强对校长的评价制度建设。学校校长的绩效评价目前仍然将考核作为主要的方式，缺乏合理的系统的评价方案。考核有任期考核和年度考核两种方式，年度考核采取每年一次的方式，任期考核在校长的每个任期之内举行一次。考核的内容包括政绩、德、能、勤等多个方面。可以采取群众评议、校长述职和请上级组织进行评定的方式。对校长实施绩效考核的目的是了解校长职责的履行情况，作为对校长奖励、晋升、留任或者解职的重要标准。绩效管理作为学校管理的重要环节，可以为校长在制定人事决策的过程中提供基础性依据。绩效评价是指学校领导对其担任职务的执行程度，和担任这种职务的水平针对进行客观地评价和考核的过程。绩效评价的主要作用是促进学校领导的职业能力和管理能力的共同发展，促进其不断进步。一些国家制定了对校长进行绩效评估的基本标准，我国应该不断加强对先进经验的学习，提高校长的领导效能，配合校长的绩效评价制度，开展有针对性的培训制度，将在职教育、职前教育和职后教育相结合，形成完善的校长培训制度。当然，这种以考核作为标准的绩效评价体系是一种奖惩性质的具有外部控制性的评价，缺乏对校长工作的促进和指导，不利于校长管理能力的发展。新课程改革强调在进行绩效评价的过程中采取发展的眼光看待问题，对校长的评价也应该如此进行。应使用发展的眼光对校长的工作进行指导，将绩效评价的中心放在促进校长的专业发展上，建立起一套合理、完善、高效的校长绩效评价体系，最终促进校长领导能力的提高。

三、保证校长管理权力的有效监督

校长负责制的实施，突出了校长在学校管理中的地位，但是很容易导致校长"一言堂"的现象。

在学校管理的过程中，包括校长在内的学校行政领导应该对教职工大会的民主监督和民主管理权利予以尊重和支持。教职工民主监督权利的实施，需要通过教职员工大会来实现，因此要不定期召开学校教职员工代表大会，在教职员工代表大会闭会期间可以加强校务公开的工作，促进民主监督的不断发展。校长应定期将自己的工作向教职员工大会报告，认真执行教职员工大会产生的决议。对教职员工大会的提案要派出专人进行记录，及时处理，自觉接受民主管理，为教职员工大会的顺利召开提供人力、物力和财力的支持。相应的，学校工会和教职员工大会要尊重学校的行政系统实施指挥权，积极参与到学校管理方案的制定之中，对原则性问题积极讨论，提出与这些原则和方案相关的建议和意见，同时要注意不能包揽行政部门的事务和工作。教职员工大会制度是学校进行民主监督的核心，而在学校的管理工作中校长处于核心的地位，因此学校在遇到涉及教职员工切身利益的问题时，应该首先在教职员工大会上进行初步确定，学校日常的行政性事务工作应该由校长领导的行政班子负责，可以不通过教职员工大会进行决策。校长等行政领导若在制度和法律的允许之内执行权力，学校的工会和教职员工大会就不应该过度地干涉，教职员工对校长管理权力的监督必须按照制度和法律的规则进行。加强对校长的监督，提高民主监督的水平有利于校长行政管理的科学性和有效性的大幅度提高，保证以校长为首的行政部门可以全面、科学地制定学校各项规划和制度，提高教职员工对学校各项工作的支持和理解程度，同时可以促进教职员工大会在职权范围之内更有效地开展工作，增加教职员工参与学校民主监督的积极性和创造性，为社会主义事业的建设奉献更大的精力。在学校管理工作中，虽然不能保证校长决策的一贯正确，但是可以通过民主监督的有效实施，保证校长选拔的最佳人选，及时改正校长做出的错误决定，使校长在学校管理中的作用得到充分发挥。教育工会是人民群众和党联系的中间桥梁，是学校不断发展的重要力量，教育工会可以使教职员工有效地参与到学校管理工作中，提高学校民主监督的能力，最终促进学校整体的发展。

保证学校事务的公开化和透明化，不仅有利于民主监督的实施，而且可以促进学校各项政策依照法律进行，加强校长和教师之间的联系，确保学校管理中的廉洁性和公开性。保证学校事务公开化和透明化的核心是公开，保证学校事务公开化和透明化的关键是真实，保证学校事务公开化和透明化的实质是监督，保证学校事务公开化和透明化的基本载体是学校工会，其目的是促进学校的民主建设。在校务公开的过程中，要对烦琐的校务工作有充分的认识。首先，在学校中树立起对校务公开的正确认识，建立一套完善、高效的校务公开运行机制和保障体系，形成工会组织、行政负责、党支部领导和群众多方面参与的体系。其次，建立完善的规章制度，对需要公开的内容、形式、程序等因素有深刻的认识，针对学校在不同阶段的实际情况，及时调整学校管理方式，不断进行创新和完善。同时在学校管理之中运用网络技术，扩大校务公开的发展空间，在校务公开的过程中明确责任制，教职工大会对以校长为首的校务公开工作进行监督，明确各个管理者间的责任，促进校务公开的时效性和真实性。在实施民主监督的过程中，要充分认识到学校教职员工的主体性地位，在完善教职员工代表大会制度之后，对校长行为进行监督，保证校长决策的科学性和正确性，使学校不断科学地发展。在对校长实施民主监督的过程中，要不断落实教师的合法权益，在学校中推行教师、行政领导和校长之间平等的关系，使他们虽然具有不同的职能分工但是权利和责任分明，促进教职员工进一步参与到学校管理之中。教职员工代表大会要将对校长的民主监督落到实处，使社会主义学校的性质得到充分发挥，满足教职员工的需求，推动我国教育事业的不断发展。这是全国人民代表大会制度在基层的缩影，其科学性和实践性不容置疑，因此，对于如何将其效用发挥出来这一问题，当地的教育部门和各学校应综合思想、认真对待，比如在教职工代表大会的内容、职能上，以及人员组成上应做到更加广泛和深化，在人员组成上可以撇开单一学校的束缚，可以融入元老级的老教师的意见，等等。要从源头上落实民主监督工作，对校长的任用方式和选拔方式进行改革，转变现阶段以委任为主的方式，使广大教职员工在选举校长和罢免校长上有自己的权利，除了委任制的方式之外，可以采用招聘、选任、考任的方式对校长进行选拔。

在选举校长的过程中运用科学的民主监督机制，不仅可以保证集体利益，使校长将学生、教师和家长的利益放在首位，还可以保证校长在进行学校管理工作时的科学性和准确性，促进民主监督机制的不断完善。

总之，在全面推行中小学校长负责制的今天，加强学校的民主监督十分重要，只有建设完善的民主监督体系，才能够将校长负责制落到实处，保证教职员工参与学校管理工作的积极性、创造性和主动性，推动学校的健康发展。

四、构建多元合作的学校管理模式

建设多元合作的学校管理模式，要求学校建立开放型的管理观念，使学校教育走向社会、走向生活，加强学校和家庭、学校和社区之间的互动。学校应该参与到课程的建设之中，承担开放课程的主体责任，将学校的课程开发落到实处，建设多元的、动态的学校管理体系。教师应该转变教学中的门户观念，让学生在学习过程中保持开放性的心态，对知识进行整合、吸收和学习；在教学过程中要建设开放型的学习型组织，加强学生的生活经验和知识积累。因此，新课程改革需要对学校、社会和家庭的教育资源进行整合，使教育发挥最大的能力。

构建多元合作的学校管理模式的本质是教育管理的分权化，即学校管理的权力在不同的组织和教育机构之间合理分配。近年来，我国在教育管理上不断放权，教师作为放权的主体，拥有了自主性权利，可针对学生的特点和学校的特点，对教材的选择、教学方式和课程设置进行自主性选择，在进行教育的过程之中，避免外来因素对教学活动的影响。校长作为放权活动的主体，享有办学的自主权，可以通过经费的自主使用和管理的自主实施，在选择教师上充分行使自主权，对学生的招收自行决定、自主规划，并针对学校的整体发展战略制订相应的发展计划，建设符合学校发展的校园文化。在学校管理中，加强家校合作，正符合教育管理分权化的发展趋势，有助于学校的发展。

在构建家校合作的管理模式时，应该不断完善家长委员会的职能。虽然大多数学校设置了家长委员会，但是其职能并没有得到充分的发挥，家长一般只关注学生的学习成绩，对子女的了解途径十分单一。要不断完善家长和学校之间的信息沟通机制，加强学校对家长委员会的联系和宣传工作，帮助家长实现在课堂上有针对性地听课，对教师的教学工作进行评价，参与学校的管理工作，深化家长委员会对学校管理的参与层次。目前，我国家校合作管理模式已经有了较为成熟的发展。

教师、学生和家长都充分认识到了多元化学校管理模式的重要性，并通过自身权利的有效实行，促进了学校开放型管理的实施。在经历了一味追求学生成绩和升学率的阶段之后，家校合作促进了素质教育的展开，提高了学校的教学质量。随着社会发展程度和开放程度的不断提高，家长的个人素质也不断提高，为家校合作打下了扎实的基础。

在加强教师、学生、家长和社会之间的联系时，应该首先加深家长对参与学校管理的认识。学校的管理者是学校外部力量和学校内部力量结合的桥梁，是教师、学生和家长共同创造民主、和谐的校园文化的前提。家长是校企合作的关键人物，能够对家校合作做出具体的策划工作和组织工作。教师经常和家长进行接触，教师的工作方式和态度会直接影响学校教育工作的成果。很多家长对家校合作的认识还不够全面，虽然教师和家长都能够认识到参与学校管理的重要意义，但是却无法深入地了解应该如何参与到学校的事务之中，在学校制定重大的政策时，参与程度很低。针对这种情况，首先，学校应该主动配合媒体对家长进行引导，使家长不仅参与到对学生的管理中，还能转变只重视学生成绩的做法，与学校配合，为学生建立一个良好的学习环境和生活环境，使学生全面发展。其次，要完善家长和社会参与学校管理的建设，通过立法的形式保证家长和社会参与到学校管理中的正当权利，目前我国这方面的法律法规还十分缺乏。完善的法律制度是家长和社会参与到学校管理中的基础，应该明确三者的责任。最后，要建立完善的由家长参与的组织机构，建立地方性或者全国性的家长组织机构，这些组织和机构，可以在学校、地方和全国这三个层面上积极地参与到学校管理工作中，让这三个层面相关联系、相互呼应，不断推动教育事业的发展和改革。可以建立省级的家长联合会，对家长参与学校管理的方式和途径进行宣传，并指定专人为家长提供帮助。与之对应，学校应该加强对家长参与机构的建设，增加家长参与的广泛性，使家长代表能够充分反映全体家长的意见。在组织机构中，不仅有家长的参与，还应该包括学校的领导、教师和相关的教育专家，除了家长代表之外的人员应该由家长选举产生，避免由学校内定的方式，以增加家长参与学校管理的建设性，加强学校、家长和社会之间的沟通。同时，学校要不断完善学生的家长会制度，将不定期举办的家长会制度化、定期化。在举行家长会之前，要先通知家长，减少家长因为工作关系无法参与家长会的现象，同时家长只有做充分的准备，才能够从学生和自身的实际情况出发，为学校管理提出宝贵的意见。要将家长纳入教师和学校工作的考核之中，教育部门应该对家长参与学校管理的情况进行考核和监督，引入奖惩机制，配合完整的、科学的考核体系。教师要积极配合家长对学校进行管理工作，转变学校一味追求成绩和升学率的状况，促使学校和家长提高对学校管理的重视，充分调动家长和社会参与学校管理建设的积极性，最终使学校多元化的管理模式不断发展。

五、完善"过程—发展"评价体系

学校应当建立多元的、动态的教学评价体系，即"过程—发展"的评价体系。应建立科学、全面的评价体系，在评价的过程中要重视学生的潜能开发和综合性发展，树立以学生为中心的评价理念。在对教师进行评价的过程中，要转变以往的奖惩性评价、管理性评价和静止性评价，在评价中促进教师业务能力的发展。教师需要在教学过程中对教学进行改进、总结和反思，不断提高自身的内在需求，促进自身专业能力的发展。因此，在教学过程中不应该再将教师简单地分为优、良、差等若干等级，并在此等级的基础上对教师进行奖惩，而应该为教师提供资讯信息和反馈信息，帮助教师进行工作总结和工作反思，并针对教师在教学中的优势和劣势，分析问题产生的原因，找出克服缺陷的具体措施，找出合适的改革途径，使教师的教学能力不断提高，最终促进学生的发展。在评价的过程中，要让学生、家长和其他同事共同参与，从多种渠道得到教师教学情况的反馈信息，从直接方面和间接方面全面地反映教师的工作情况，促进教师教学工作的发展、提高。完善"过程—发展"评价体系，可以促进学校资源的优化配置，提高学校的竞争能力，寻找提高学生学习成绩的突破口。"过程—发展"评价体系是一个不断发展着的过程，有助于保证学校各项任务的有效实施，使学校的整体战略得到实现，这种行之有效的绩效考评不仅可以提高学校对决策的执行能力，提高教师的教学水平，更能够促进学生的发展。在评价体系实施的过程之中，要转变以往将教学作为主体的现象，认清评价的目的，将是否能够促进学生综合能力的提高、是否能全面地挖掘学生的潜能作为评价的重要标准，不断对学生的效益层面加深关注。在评价体系实施的过程中，要协调教师和学生之间的矛盾，真正让教师了解学生，提高教师在教学工作中消除矛盾的能力，让教师学会站在学生的角度思考问题，最终将促进学生的发展放在评价标准的首位。

学校在制定评价体系的过程中，应该加强对过程的监管，在考核过程中引入奖惩机制，不仅要关注教师工作结果的好坏，同时要关注教师在过程中付出的努力，在评价体系中，应该加强对过程的管理和控制，避免产生奖惩错误的现象，对于教师的具体实践工作，应该根据学生的实际情况予以评价。比如有的有的教师教授的学生存在着学习基础十分薄弱、学习背景较差的现象，尽管教师在教学的过程中付出了很多努力，但是学生的学习成绩无法在短期内大幅度提高。如果不能在评价体系中考虑到这些因素，会忽视教师为教导学生所付出的努力。教育具有迟效性和长效性的特点，但是目前学校管理的评价体系缺乏对长期效益和短期效益的正确认识，只片面地关注学生的短期效益（成绩），这会对学校的长期利益（发展）造成不利的影响。

第五章　教师管理

第一节　教师管理概述

教师是完成教育教学任务的主要劳动者，也是教育教学过程的实际管理者、操作者。学校管理者对学校进行管理时，应当树立依靠教师办学、依靠教师管理的思想，合理安排教师，有效执行教师管理职能，建设专业配套、协调配合、结构合理、数量适度、具有较高素质和较强科研能力的教师队伍，这是学校教育兴旺和发达的必由之路。

一、意义

教师既是教育者，又是管理者；教师既是学校管理的对象，又是学校管理的主体。教师不是被动地、盲目地、简单地接受管理，而是积极主动地选择执行和接受学校管理的指令，同时又在积极影响着学校管理者。在班级管理中，相对于学生而言，教师是管理者。教育教学在学校各项工作中处于中心地位，教师是完成教育教学任务的主要劳动者，也是教育教学过程的实际管理者、操作者。学校管理者对学校进行管理，应当树立依靠教师办学、依靠教师管理的思想，合理安排教师，有效执行教师管理职能，建设专业配套、协调配合、结构合理、数量适度、具有较高素质和较强科研能力的教师队伍，这是学校教育兴旺和发达的必由之路。

二、内容

1. 教师的权利与义务

1993 年颁布实施的《中华人民共和国教师法》（以下简称《教师法》）第七条中明确规定，教师享有以下六项权利。

一是自主开展教育活动的权利。"进行教育教学活动，开展教育教学改革和实验"，是教师最基本的权利。

二是自主从事学术研究的权利。"从事科学研究、学术交流，参加专业的学术团体，在学术活动中充分发表意见"，这是教师作为专业技术人员享有的一项基本权利。

三是指导评价权。"指导学生的学习和发展，评定学生的品行和学业成绩"，这是与教师在教育教学过程中的主导地位相适应的一项特定的基本权利。

四是获得报酬权。"按时获取工资报酬，享受国家的福利待遇以及寒暑假的带薪休假"，这是教师的基本物质保障权利。

五是参与学校管理权。教师可以"对学校教育教学、管理卫生和教育行政部门的工作提出意见和建议，通过教职工代表大会或者其他形式，参与学校的民主管理"，这是教师参与管理的民主权利。

六是自身发展的权利。教师有权"参加进修或者其他方式的培训"。

根据《教师法》第八条之规定，教师应当履行六项义务，概括而言，即：遵守宪法、法律和职业道德；完成教育教学任务；进行思想品德教育；热爱学生，尊重学生人格；保护学生合法权益，使其身心健康成长；不断提高政治业务水平。

2. 教师的资格与任用

教师的资格与任用是教师管理的重要内容。根据《教师法》第十条规定："中国公民凡遵守宪法和法律，热爱教育事业，具有良好的思想品德，具备本法规定的学历或者国家教师资格考试合格，有教育教学能力，经认定合格的，可以取得教师资格。"

3. 教师的培养与提高

教师的培养与提高，是教师管理的重要方面。科技的迅猛发展，国际竞争的加剧，知识经济时代的挑战，终身教育体系的建立与完善，要求每一位教师都应该进行继续教育，不断学习新理论、新知识、新方法，丰富知识储备，完善知识结构，增强教育教学能力，提高教育教学水平，以便与时代进程的步伐一致。

4. 教师的待遇与奖励

根据《教师法》第二十五条规定："教师的平均工资水平应当不低于或者高于国家公务员的平均工资水平，并逐步提高。"

根据《教师法》第三十三条规定："教师在教育、教学、培养人才、科学研究、教学改革、学校建设、社会服务、勤工俭学等方面成绩优异的，由所在学校予以表彰、奖励。国务院和地方各级人民政府及其有关部门对有突出贡献的教师应当予以表彰、奖励。对有重大贡献的教师，依照国家有关规定授予荣誉称号。"

5. 教师的考核与评价

教师的考核是指根据学校的性质、任务和培养目标，应用科学的程序和方法，对教师的素质、履行职责的态度、表现、成绩等情况进行全面、科学、准确的评定或评审。教师评价是在考核的基础上，对教师的工作及其成效作出科学、公正、客观的价值判断。教师的考评工作是教师管理的重要环节，是合理使用和晋升教师的依据，也是科学地安排和管理教师工作的基础。考评有利于教师潜能的开发和积极性的调动；可以帮助教师客观地认识和衡量自我，完善自我，总结经验，改进工作，不断提高教育质量。同时，考评还可以促进教师之间相互学习与交流，推广教学经验，增加教学功效。

三、方法

教师管理的核心是调动教师工作的积极性、主动性和创造性。一般来说，调动教师工作积极性的方法主要有目标激励法、动机激励法、关心激励法、奖罚激励法。

1. 目标激励法

目标激励法是指学校管理者把组织的任务转化为明确具体、切实可行的激励性的教师个人目标，运用反馈、协调、控制等管理手段，引导教师的思想，统一行动、协调关系、强化责任感，促进目标的实现。

2. 动机激励法

也称为同步激励法，是指通过物质激励和精神激励两者的有机结合，调动广大教师学习、工作和社会活动的积极性，充分发挥教师的各项潜能，取得最大的激励效果。我国著名管理心理学家俞文钊教授，在长期的心理学研究基础上，提出了一种同步激励法的主张。他提出公式：激励力量 $=\sum F($ 物质激励 $\times$ 精神激励 $)$。该公式表明，只有当物质激励与精神激励都处于高值时，才有可能获得最大的激励力量。两个维度中只要有一个维度处于低值，就不能产生最大、最佳的激励力量。

3. 关心激励法

也称为情感激励法，是通过建立起一种人与人之间和谐的良好感情关系，来调动工作积极性的一种激励方法。情感激励法是一种人情味很浓的管理方法，重视"关心人、尊重人、帮助人、爱护人、信任人"，让教师时刻感到自己受到了重视和尊重。

4. 奖罚激励法

奖罚激励法就是学校领导者依据学校和有关部门制定的各种规章制度，对教职员工的思想和行为所做出的一种积极或消极、肯定或否定、鼓励或批评、赞成或反对的评价，从而有效地调动教师的工作积极性的一种管理方法。在运用此法时应注意奖惩激励是否及时、是否适度、是否公平，只有做到及时适度、公平合理，才能产生良好的激励效果。

第二节　教师的评价和期望

一、教师的评价

现行教师评价的功能主要是鉴定分等、奖优罚劣。它着眼于教师个人的工作表现，特别是教师在评价之前的业绩。表明教师是否履行了自己的工作职责，他们的工作表现是否符合学校的期望。

1. 基本内容

新课程观下的教师评价强调对教师进行综合评价。综合评价就是用动态的、发展的眼光，对教师工作的各个环节进行系统的、全程的、较长时间的、循环往复的评价。教师从事的教育活动是一个长期复杂的过程，工作中的任何成绩都是日积月累的结晶，绝非一朝一夕的产物，仅仅依靠一两次的单项评价，不足以真实反映教师工作的整个发展过程，也必然导致评价结论与教师实际工作表现的偏差。缺少综合评价，就无法全面了解评价对象的工作表现，无法把握教师的发展倾向和发展需求，也无法修正评价过程中的晕轮效应、趋同效应等引起的各种偏差。因此，新课程必须强调对教师进行综合评价。同时，新课程观下的教师评价也注重教师的个体差异。由于教师在个性心理、职业素养、教学风格、交往类型和工作背景等方面都存在较大差异，评价应根据这种差异，确立个性化的评价标准、评价重点以及选择相应的评价方法，有针对性地对每位教师提出改进建议、专业发展目标和进修计划等。只有这样，才能充分挖掘教师的潜能，发挥教师的特长，更好地促进教师的专业发展和主动创新。

2. 评价形式

教师评价是对教师工作现实的或潜在的价值作出判断的活动。

按目的教师评价通常有两种形式：业绩评价和教师发展评价。

业绩评价关注于可达到的、相对短期的目标，倾向于在某个时间段内给教师的业绩和能力下一个结论，对于教学质量的监控有重要作用。一般说来，业绩评价和教师的名誉及利益是相关的。

教师发展评价的目的是对教师的工作给予反馈，改进或完善教师的教学，明确教师的发展需求和相应的培训，提高教师的能力，以促进其完成任务或达到将来的目标。教师在日常工作中所经历的评价大多是发展性评价，它关注的不是给教师当前的能力和水平下一个结论，而在于帮助教师诊断问题并帮助教师改进。科学的教师评价应该给教师提供进步的空间和动力，允许教师存在不足和缺陷。

3. 评价意义

在新一轮基础教育课程改革中，教师是课程实施的主体，也是影响课程实施的众多因素中具有决定性的因素。教师评价适当与否，不但影响教师参与教改的热情，而且与教师的工作成效和专业发展密切相关。

《基础教育课程改革纲要（试行）》指出："建立促进教师不断提高的评价体系。强调教师对自己教学行为的分析与反思，建立以教师自评为主，校长、教师、学生、家长共同参与的评价制度，使教师从多种渠道获得信息，不断提高教学水平。"

新课程改革对教师赋予更高的要求，更多的期待，更大的职责，要求教育行政管理部门建立科学的教师评价制度。

4. 发展体系

新课程倡导教师评价以促进教师专业发展为根本目的，要求建立发展性的教师评价体系。

（1）发展性教师评价体系具有以下主要特征：

①学校领导注重教师的未来发展；

②强调教师评价的真实性和准确性；

③注重教师的个人价值、伦理价值和专业价值；

④实施同事之间的评价；

⑤由评价者和评价对象配对，促进评价对象的未来发展；

⑥发挥全体教师的积极性；

⑦提高全体教师的参与积极性；

⑧扩大交流渠道；

⑨制订评价者和评价对象认可的评价计划，由评价双方共同承担实现发展目标的职责；

⑩注重长期的发展目标。

（2）发展性教师评价与其基本理论假设是分不开的。

其一，对于教师而言，内部动机比外部压力具有更大的激励作用。因为受过较高层次教育的人主要的激励作用来自自我激励，外部压力可以迫使他们达到最低的标准，但很难使他们达到优良的水平。

其二，教师是一群具有学习能力的专业人员，应该或者愿意改进他们自己的工作表现，寻求专业的发展。当教师获得足够的信息与有用的建议后，他们就有可能达到预期的水平。

其三，作为专业工作者，教师对自身的职业具有较高的热情。如果工作所需的条件能得到满足的话，他们就会爆发出极大的创造力，以改进他们的教学、科研活动，提高他们教学、科研的水平。研究表明，教师中大多数人都有强烈的事业心，希望自己的工作做得更好，因而在大多数情况下帮助他们发展比判断他们工作的价值更有意义。

为此，在新课程实施中，评价者应注重学校发展的长期目标，让教师充分了解学校对他们的期望，培养他们的主人翁精神；根据教师的工作表现，确定教师的个人发展需求，制定教师的个人发展目标，向教师提供日后培训或自我发展的机会，提高教师履行工作职责的能力，发挥全体教师的积极性，从而促进学校的可持续发展。

5.评价方式

（1）传统评价

现行教师评价的功能主要是鉴定分等、奖优罚劣。它着眼于教师个人的工作表现，特别是教师在评价之前的业绩。这体现在两个方面。第一，表明教师是否履行了自己的工作职责，他们的工作表现是否符合学校的期望。这种评价常把学校视为一个"机械性组织"，把教师看成机器的一个配件，认为教师只能服从管理人员的权力，按照管理人员的命令、指使干活。第二，根据教师的工作表现，判断他们是否具备奖励或处罚的条件，评价结果往往作为领导决定教师是否解聘、降级、待岗或晋级、加薪等的依据。

应当说，发挥评价的鉴定分等、奖优罚劣功能在一定意义上可以调动教师的工作积极性，实现学校发展的基本目标。但这种动力是自上而下的，只能引起少数人的共鸣和响应，而不是自下而上的，引起全体教师的共鸣和响应。

一般而言，传统评价的这种功能只适用于"任务式的管理"，领导只关注教育质量，不关心教师，依靠职权控制教师，集中力量争取达到最基本的质量标准。其次，这种评价还可能引发教师间的激烈竞争，而竞争过于激烈将不利于教师间、教师与领导间的团结与协作，也不利于学校中民主气氛的形成，在一定程度上还会影响教师的身心健康。第三，可能引发一些教师的逆反心理，反正只有少数人获得奖励或晋级，自己只要达到基本要求就足够了。第四，由于评价者与被评者是一种不平等的关系，评价者难免产生居高临下的心理状态，或以挑剔的眼光对待被评教师，容易导致教师对评价活动产生抵触情绪，产生与领导的隔阂，甚至发生冲突，从而对学校的声誉造成不良影响。

不公平的教师评价及长期的繁重教学任务导致教师产生了巨大的心理压力，导致教师产生了显著的消极情感体验，久而久之便形成职业倦怠，对师生关系、同事关系和领导关系都产生不利的影响。这与通过考评实现学校发展的目标背道而驰。

（2）发展评价

新课程倡导教师评价要发挥展示、改进、激励的功能，把评价看成教师展示才华、追求卓越、完善自我、不断发展的过程。这种评价把学校视为一个"有机性组织"，重视人的因素，把人看作有进取性的人，通过激发人的内在动力，使自觉地发挥能量达到组织的目标。因此，评价首先要肯定教师的成绩和进步，发现和发展教师的特长，激发教师的成就欲望。其次，要为教师改进工作提供明确的标准，评价者应把国家、社会对教师的要求体现在评价准则中，并根据教师的实际情况加以具体化和操作化。再次，提供教师改进工作的反馈信息，帮助教师反思和总结教学中的优势和不足，分析产生问题的原因，探讨解决问题的途径和方法。最后，帮助教师确立自我发展的目标和未来的专业发展方向，引导教师以社会主流价值为导向，将个人价值与社会价值融为一体。只有这样，才可能促进教师个人需要和学校集体需要的融合，促进"机械性组织"和"有机性组织"的融合，促进教师心态和学校氛围的融合，促进教师的现实表现和未来发展的融合，促进教师受益和学校受益的融合，促进教师正式组织和非正式组织的融合。

（3）校长评价

这种评价方式又称行政人员评价，是目前最常用的教师评价方式之一，其好坏或有效性取决于校长（或其他管理者）自身的专业素养如何，取决于行政人员对教师所教学科及课堂教学的了解程度。现实中，由于行政工作繁忙，绝大多数校长已脱离教学一线，很少有机会进入课堂观察教师的实际表现。在这种情况下，校长评价的可信度就会大大降低。

（4）同行评价

这种评价方式的优点是：评价者熟悉教师所教课程，具有专业经验；评价者与被评价者彼此熟识，交往较多、认识较深；评价者可就近观察，较易了解被评价者日常工作的表现；大家同为教师，对自己应该做哪些事情会更清楚、更了解；借助同行评价，可培养教师之间共同协作、相互学习的教师文化。但由于某些因素，教师可能会拒绝同行的课题观察，而同行也可能抱有偏见，导致评价结果可信度下降，尤其是当评价结果可能影响到被评价者的升迁、奖励等权益时，或者教师之间存在利益竞争时，更是如此。此外，同行评价还有可能受到评价双方私人关系好坏、被评价者资历深浅或身份尊卑等场外因素的影响，无法真实地反映教师的教学情形。正因如此，同行评价不太适合于总结性评价，较适用于改进教学、促进专业成长的形成性评价。

（5）自我评价

自我评价就是教师根据行政主管部门或学校制定的自我检查表或评价表，填写相关资料，自己对自己的表现进行评价。这种评价方式的优点是搜集资料较容易、花费较少，但缺点是会给教师带来额外的工作负担，教师容易高估或低估自己的教学表现，评价易流于主观。不过，也有人认为，这种评价方式很有效，具有自我了解、自我反思、自我改进的功能，因为教师自己最了解自己。还有，自评可以增强教师对评价的参与感，给教师提供一个充足的自我表达与展示的机会。

（6）学生评价

学生评价可通过结构性或非结构性的问卷调查、集体座谈等过程来进行。其优点是容易实施、花费少，而且学生最接近教师，感受最直接、最深刻。不过，学生评价的资格和能力常常受到人们的质疑：许多人担心学生心智不成熟（学生的判断大都感性大于理性）、尚不具备充分的专业判断能力，而且，学生评价易受课程难易、功课多寡、自己得分高低、教师要求的严格程度，以及学生本身能力大小的影响，这些都会影响到学生评价的专业性、公正性或客观性。

（7）家长评价

家长是学校教育的重要顾客，学校办得好不好，与家长有切身的利害关系。因此，从理论上讲，教师评价理应听取学生家长的意见。不过，由于学生家长无法经常亲临教学现场，缺乏对学校和教师的深入了解，缺乏教育评价能力（如多数家长只看重孩子的考试成绩，忽视孩子良好个性品质或责任心的培养），加之个人偏好的影响，完全由学生家长对教师进行评价肯定是不行的。不过，既然由家长直接评价教师有不便之处，可以采用间接的评价方式。

6. 评价主体

现行教师评价强调自上而下地考核，忽视自我评价。在这种被动接受评价的过程中，评价者与被评者扮演的基本上是管理者与被管理者的角色，被评者对评价项目指标的制定、评价的具体操作步骤、评价结果的解释等没有太多的发言权，往往处于被动、消极的地位。评价主要考虑组织的目标，较少考虑教师个人的需求和生活状况，因而，教师大都持冷漠、应付、对立、讨厌、拒绝、害怕、恐惧、逃避的态度，难以引起教师的兴趣，难以激发教师的积极主动性，甚至出现弄虚作假的行为。

新课程倡导教师评价是一种发展性评价，它以评价对象为主体，注重评价对象的个人价值，重视提高评价对象的参与意识和主体意识，以发挥其积极性。这是教育过程逐步迈向民主化、人性化发展进程的体现。20 世纪 80 年代以来，管理学理论有了重大发展，进一步认识到个人在组织中的价值，包括个人发展、个人激励、个人自治、自我实现的价值。作为个人，教师希望并且有能力掌握自己的发展方向和未来前途，在组织的目标范围之内评价自己的优点和缺点，决定和实现自己的发展需求。具体而言，在评价开始时，评价者应与被评教师沟通协商，根据教育教学实际和教师本人的情况，形成个体化的评价目标和评价方法。在收集评价信息时，选择恰当的渠道和方式，鼓励教师自主提交评价资料，给教师提供表现自己能力和成就的机会。同时，创设宽松的氛围，鼓励教师反思教育教学过程中遇到的困难和存在的疑惑，并与教师一起分析和探索。

在分析评价资料和数据信息时，要与教师进行充分的交流与沟通，注重资料的背景和影响因素。达成评价结论的过程要与教师一起进行讨论，对教师存在的优势、不足和进步尽量形成清晰一致的认识，注重引导教师分析现象背后的原因，提高教师自我反思和总结的能力，并且与教师一起寻找出改进教育教学实践的建议。同时，新课程主张实施领导、同事、学生、家长的多元评价，使被评教师从多渠道获得反馈信息，更好地反思和改进教育教学工作。从某种意义上说，同事、学生和家长都是教师的工作伙伴，他们不但直接或间接参与了教师的教育教学活动，而且能够从不同的侧面反映教师的工作表现，对改进、提高教师工作质量都会产生积极影响。因此，新课程强调创设让同事、学生和家长积极参与评价的氛围，同时被评教师要端正态度，认识到他人评价所提供的信息对于自己改进和发展的重要作用，以积极的态度和宽广的胸襟接受他人的评价。

二、教师期望效应

教师期望效应，亦称"皮格马利翁效应"，指教师对学生的殷切期望能戏剧性地收到预期效果的现象。皮格马利翁是希腊神话中塞浦路斯一位善于牙雕的国王，由于他把全部热情与期望倾注在自己创作的美丽少女雕像上，竟使雕像活了起来，梦想成真。1968年，心理学家罗森塔尔和雅克布森做过一个"课堂中皮格马利翁：教师期望和小学生智力的发展"的实验。他们先对小学一年级至六年级的学生进行了一次预测未来发展的智力测验，而后在各班随机抽取20%的学生作为实验组，并向各班教师伪称，这些学生是"未来的花朵"，有很大的学习潜力；而将各班其余80%的学生作为控制组。结果发现：被期望的学生，特别是一、二年级被期望的学生，比其他学生在智商上有了明显的提高。这一倾向，在智商为中等的学生身上表现得较为显著。而且，从教师所做的行为和性格的鉴定中可知，被期望的学生表现出更有适应能力、更有魅力、求知欲更强、智力更活跃等倾向。这一结果表明，教师的期望会传递给被期望的学生并产生鼓励效应，使其朝着教师期望的方向变化。

1. 功能

（1）激励功能，促使学生朝着教师所期望的目标发展，形成一种良性循环。

（2）调整功能，即调整师生间的关系，形成认识、情感及思维上的"共振"。

（3）转化功能，即促进教师由传统的教育观念走向现代的教育观。

（4）支援性功能，即帮助学生解决在探索知识以及心理发展过程中遇到的困难。如建立良好的自信心。

2. 原则

（1）民主性原则

在教学中，教师是主导，学生是主体，师生是有着独立人格与尊严的个体。教学是建立在平等、合作、互助基础上的，而期望效应正是为创造这样一种情境服务的。教师期望意味着对学生的信任、关怀、激励和挚爱，意味着师生之间通情达理、相互理解、尊重和爱护的和谐人际关系。这是教师期望产生积极效应的关键因素，因为只有在民主平等的师生关系和生动、活泼、和谐的教学氛围中，教师对学生的期望和厚爱才能转化为学生的领悟和愉快的情感体验，师生之间才可能产生心灵的感应、情感的交融，从而结出期望效应的硕果。

（2）适度性原则

教师的期望目标必须遵循适度性原则，在教学中，要使学生对教师所教授的知识、理论、思想产生"共鸣"，需要有这样一些条件：它们能够通过逻辑防线、情感防线和伦理防线并能达到"最近发展区"。教师的期望应该以学生已有的发展水平为客观基础，不能超出其发展的可能性，那种高不可攀的期望只能成为空想和泡影。同时，教师的期望又不能停留在学生已有的水平上，要适当高于学生已有的现实发展水平，相信所有的学生都具有发展的潜力，从而造成教师期望目标与学生已有发展水平之间的必要张力和冲突，为促进学生积极主动地向更高水平的目标发展提供动力。

（3）暗示性原则

教师通过各种态度、表情和行为方式将其暗含的期望，以相当微妙的方式传递给学生，其实现多是一种无意识或者相当隐蔽的行为。教师期望能潜移默化地影响学生。"随风潜入夜，润物细无声"，这种影响是其他任何教育手段都无法比拟和替代的。如给学生的作业以特殊的评语，对甲等，评以："优秀，保持下去！"凡得乙等，评以："良好，继续前进！"凡得丙等，评以："试试看，再提高点吧！"对于丁等，评以："让我们把这个等级改进一下吧！"这种暗含期望因素的评语如涓涓细流滋润着学生心田，也如一粒石子投入心湖引起碧波荡漾和涟漪，使学生产生再接再厉、积极向上的力量，对加强学习动机具有积极作用。

（4）差异性原则

人生来是平等的，但人生来就是不相同的，正如无法找到两片完全相同的树叶一样，谁也无法找到两个完全相同的人。这是中国古代教育巨匠孔子提出因材施教的依据。因而在教学中我们应充分承认和肯定学生之间的差异性，对不同的学生形成不同的期望，使每位学生都在各自基础上得到全面、健康、活泼的发展。那种抹杀差异性的做法会践踏学生的主体性，使学生的个性发展遭到压抑。

3. 建议要求

（1）期望要合情合理

合情合理就是要符合国家、社会、学校和个人的需要，符合时代的潮流，对社会和个人发展要具有积极的作用。

（2）期望要具有可行性

这里的可行性是指符合行为主体的主客观条件，即具有实现的可能性。如果从客观上讲是合理的，而主体行为上是不可能的，那么这种期望还是不能转化为主体需要，更不能内化为主体动力。

（3）期望要具有挑战性

只有那些具有挑战性的、超出原有水平但通过努力可能达到的期望，才有吸引力，才有激励性。可望而不可即的或随手可得的期望都是不可取的，正如俗话所说："跳一跳就可摘到的桃子最甜。"

（4）期望要内隐

教育者的期待不应当是赤裸裸的"现金交易"，而应当是温情脉脉的感化；不应当是口头上的说教，而应当是满怀期望、含而不露地潜入学生的心灵。大喊大叫只会激起学生的逆反心理。

（5）期望要持久

期望要有信心、决心和耐心，即使一时看不出明显的效果，也不要灰心丧气。须知学生领会、接受师长的期望需要一个过程，在活动中做出成绩，也需要时间，任何急躁情绪，都将适得其反。

第三节　义务教育阶段教师管理权边界

义务教育阶段教师管理权边界的设立需要进行一定的理论分析。理论基础是教师管理权边界设立的根本，这里的理论基础主要是权利的相对性理论和权利冲突理论。了解教师管理权的属性，能为边界的设立提供必要的依据，同时要根据四项原则来保障边界的设定。

一、理论基础：教师管理权边界的设立之本

何为权利？从政治学和法学的角度来看，权利在一般情况下就是指人们所享有的权利和利益。这种权利是为国家的法律所确认并保护的，任何人都不得以任何的方式侵犯；从经济学的意义上来看，权利侧重于人们的经济利益以及个人的财产权；马克思主义哲学从权利范畴的角度出发，将权利定义为人们在实践中对权利寻求的一种需求目标，是人在无约束的条件下才可寻求的一种价值导向。从权利的关系范畴上来看，教师的管理权不仅是绝对的权利，同时也是相对的权利，权利本身就体现了人和人之间一种微妙的关系。

1. 权利的相对性

权利具有相对性，这就表明了权利是具有边界的，即使这种权利的边界是模糊不清的，但它也不是一种绝对化的权利。深入探究权利的相对性，可认识到不论何种权利，都需要其他权利对其进行配合与支持才能够长久地进行。权利的相对性要求我们承认权利是具有限度的，把握好权利的限度，认清权利的现象，才能够保障一切合法权益的顺利进行。

这里主要研究教师管理权的使用限度问题，我们认为教师所行使的管理学生权是具有边界的，是有一定限度的。无论哪一种权利的行使，都是具有一定合理限度的，教师管理权也不例外。权利的相对性要求教师在行使其管理学生的权利时要把握好度，切记不可过度，从而保证教师管理权行使得当，并将其限度掌握在一个平衡点上。然而，对权利进行限制，并不是说权利人凡事都不能做，随随便便就能限制权利人权利的行使。对权利进行限制是具有一个标准的，需要在一个适度的基础上进行。对权利进行必要的限制，是权利相对性的必要保障。一个人如果毫无限制地行使其权利，就会导致其他人的合法权益受到损害。

教师管理权具有相对性，它不仅受自身义务的制约，还要顾及其他主体的权利不受侵犯，如学生的受教育权等，因此也会受到其他权利主体的制约，这种互相制约的关系就产生了教师管理权的界限。权利之间要找寻一个可以平衡的点，这个平衡点就是权利的边界。对义务教育阶段教师管理权范围及行使限度进行必要的界定，保障教师管理权的顺利行使，充分体现了教师管理权的相对性。

2. 权利的冲突性

20世纪末，权利冲突问题逐渐走入了人们的视野，大多数法学界的学者开始着手对权利冲突问题的研究。进入21世纪后，学者们对于权利冲突问题的研究已经日益成熟，不仅仅满足于单从法学的角度对其分析，还逐渐延伸到了政治学、教育学的领域中。纵使对于权利冲突问题的研究已经十分全面，但对于什么是权利冲突，权利冲突的性质等问题仍旧没有解决，学界对此的观点也是各有不同，有人认为所谓的权利冲突无非就是法定权利与人的道德品行之间的冲突。权利冲突与侵权和犯罪是不同的，它是人们因各自利益的出发点不同而引发的冲突，因此，权利冲突应该是正当的，具有合法性质的。对于权利冲突的分析各学者都有不同的理论，总体来说，权利冲突是具有多样性的。

在这里，权利冲突理论作为整个研究的理论基础之一，对它的分析是十分必要且势在必行的。以往的权利冲突大多发生在我们的日常社会生活中，现如今，教育领域的权利冲突问题也日益凸显。在教育领域互相，权利冲突主要表现在教育主体之间由于各自朝着自己的利益目标努力，损害到各自的正当权利和利益的一种行为。当然，权利冲突也不仅仅表现在两个及以上的教育主体之间，它还存在于教育主体与受教育主体之间，这种冲突往往会产生一定的矛盾并且会损害其他权利主体的利益。

二、权利属性：教师管理权边界设定的基础

权利之间具有一定的关联性，在这些关联性的背后就是权利与权利之间的制约与对抗。要想保持权利之间的平衡发展，保证各权利适度进行，设定权利

边界，保证权利在边界中有效地行使，就需要明确权利的属性。教师作为一种职业，具有公共性和职业性的双重属性。

1. 教师管理权的公共性

义务教育作为一项公益性的事业，使得教育活动也具有一定的公共性。对于处在教育中的教师来说，教育所赋予他们的权利与职责同样是具有公共性的。世界上的许多发达国家都通过颁布立法来确定教师的权利属性。法国、德国、日本等国家就通过颁布立法，明确了教师具有国家或地方公务员的性质，并将其依法纳入公务员的管理系统中，公务员法同样也适用于教师，教师也需要严格遵守公务员法的规范。美国、英国等国家甚至将教师划到了国家雇员的行列，适用于公务雇员的法律规范，意图突出教师职业的公共性。在世界各国的教育法律当中，教师被划分为公务员或法律雇员，无论哪一种身份，其权利和义务都会被法律保障和约束，法律明确地将教师职业公共性的一面表现了出来。当教师的身份带有一定的公共性的时候，其权利的行使也会带有相应的公共性。我国教师根据国家颁布的教育培养目标，对学生进行日常的管理工作，这些都是带有一定公共色彩的。我国教师的管理学生的权利，要求教师务必尊重学生的各项基本权利，保障学生的人身权等权利。教师职业的公共性决定了教师管理权同样具有公共性质，这就需要教师在使用其管理权时注意维护社会公共性，不滥用自己的管理权，把握限度。由此，我们可以清楚地认为，在义务教育阶段，教师的管理学生权是具有公共性特征的。

2. 教师管理权的职业性

我国《教师法》规定了教师是具有一定身份的专业人员，其管理权也是带有一定职业性质的。我国的教师具有包括管理学生权在内的六项基本权利，权利的产生是与教师的职业属性密不可分的。教师基本权利的行使离不开法律法规的制约，同样，其权利也会受到法律的保护。正是由于法律对教师进行的清晰的界定，法律才同时规范了教师的基本权利，奠定了教师的职业属性，明确了教师管理权同样具有职业性。我国法律明确规定了教师的管理权是一种不能转让且不能放弃，只有具有教师资格的人才能够享有的职务权利。教师资格的也是需要经过层层把关与筛选后才能够获得的一项专业技能。我国《国家标准职业分类和代码》的文件就将教师划分到了专业技术人员的类别之中，可见，我国对于教师具有职业性、专业性给出了一定的认可。教师管理学生的权利是教师的基本权利之一，同时也是教师的基本职责，教师不能够为了满足个人的利益而损害学生的各项权利，也不能够因为怕承担责任而忽视其权利的使用。教师的管理权具有一定的法律限度，既不能够过度地使用也不能够刻意忽视不用。教师的专业性越强，其管理学生的水平和能力也就越强，因而，为使学生能够得到良好的管理和发展，教师要不断充实自身，培养其专业性能力。

对学生的管理权不仅是教师特定的权利，同时也是教师的一项职责。教师有责任来保证学生的全面发展，这是教师不可松懈的职责，教师更应当在合理合法的条件下对学生进行教育管理。教师对学生的适当管理在学生健康全面的发展中具有不可推卸的责任。因而，在面对教师管理权使用不当的问题时，明确教师管理权边界势在必行。

明确教师管理权的属性，为义务教育阶段教师管理权边界的划分提供了基础。在设立义务教育阶段教师管理权边界之前，有必要先对教师管理权的属性进行了解。由于教师的身份带有公共性，教师管理权同样具有公共性。同样，教师作为有一定身份的专业人员，其教育管理权作为权利之一也具有一定的专业性、职业性。教师管理权的行使往往会涉及受教育者的各项权利，同时也会影响到学生身心的成长，在保障学生的各项合法权益的前提下，教师管理权的公共性也随之而出。教师管理权的公共性要求教师在行使其权利的同时要注意维护社会的公共性，合理使用教师管理权。教师权利的职业性要求教师作为一名专业人员，有权对学生进行必要合理的管理，当然，其所享有的管理权利也应当受到限制。教师管理权的专业性要求教师在行使权利的过程中要注意合理合法，注重度的把握，切不可因为管理权的过度行使而侵犯到学生的权益。同时，教师的管理权也要受到各方的监督。因而，在了解了教师管理权的权利属性后，我们可以发现，教师若想正当合理地使用其管理权，就应当依据一定的准则来进行，而只有明确教师管理权的边界，才能够保障教师及学生的合法权益不受侵犯。明确教师管理权的属性，为我们设立义务教育阶段教师管理权边界提供了基础，教师管理权边界的设立应当紧紧地围绕教师的权利属性来划定。

三、基本原则：教师管理权边界设定的准则

教师管理权边界的设定需要依据四大基本原则，即比例性原则、教育性原则、均衡性原则和适度性原则。对于教师管理权边界的划分与设定，需要以这四个原则为根本，只有遵循这四个原则的发展要求，才能对教师管理权边界进行合理有效地划分。

1. 比例性原则

比例性原则即比例原则。比例原则在对于如何正确有效地行使教师管理权的问题上起着重要的作用。本文中的比例原则主要是从行政法领域借鉴而来的，在行政法中，对比例原则的解释是这样的："当相对人侵害了他人的权利时，其处理的方式必须选择使相对人的利益受到限制或损害最小的方法。同时，还要保证相对人正当的合法权益不能够受到侵害，要与公共利益相一致，这就需要做到对其的处理方法所造成的损害要与正常的公共利益相匹配。"比例原则的运用主要就是为了解决教师在行使其管理学生权的过程中所遇到的一系列问题，如教师如何保证其对学生的管理保持在一个相对适度的范围之内，从而避免为了达成目的而不择手段的问题。

比例原则在教育管理权的应用在国外已经十分普遍，德国就在教师管理权的应用中引入了行政法中的比例原则。德国的法律要求学校及教师在行使管理学生的权利时，其目的必须正当，符合教育的目的，必要时采取一定的手段，使侵害度降到最低。

比例原则的使用对于维护教学秩序在一个平稳有效的环境中进行具有重要意义，同时，在一定程度上，比例原则的使用还能够保护学生的合法权益不受侵害。这主要是由于比例原则要求教师在行使其管理学生权利时，对学生施加的惩戒行为需要保证学生的权益受到的侵害最小。这样做不仅对教学管理秩序的维护起到一定的积极作用，还可以保护受惩戒学生的合法权益不受到任何

侵害。

2. 教育性原则

　　教师管理学生必须遵循的原则就是教育性原则。教育性原则就是要求教师要以学生为本，立足于学生，当学生出现违纪行为时，要及时分析学生违纪行为的原因，具体问题具体分析，在结合了学生的性格特点的基础上，给予学生恰当的管理和教育。教师对学生的管理权赋予了教师相当一部分的主观判断的空间，这就需要教师能够处理好会面临的各种问题，在面对客观条件都相同的情境时，要给出一致的态度；对于客观条件不相同的情境则要有差别地对待，给出不同的态度。从而在根本上以学生为本，立足于学生，进一步实现教育领域的公平公正。教育性原则要求我们把学生放在首位，放眼于未来，以促进学生的全面发展。教师在行使管理权时，要将教育学生、培养学生的品德作为对其进行惩戒的目的，使学生能够在改正错误的同时，获得启发与教育。教学活动的管理行为作为一种辅助的教学活动，同样要以满足受教育者的身心发展为宗旨，以受教育者的长远发展为目的。在教育管理中，教师管理权是一种经常会用到的管理措施，这种管理措施就是人们通过外界的状况，根据自身的要求，对受教育者有意识地施加一系列的管理手段，从而对其身心变化产生影响，而这种管理措施也往往同奖励、表扬等方式一样，会对受教育者产生一定的影响。

　　任何一种管理手段与方式，都应该具备一定的教育意义，使受管理者在被管理的过程中能够充分地认识到自身发展的不足并能够及时改正，进而保证教师的管理权利得到有效而充分的行使。作为专门培养人的活动，教育首先要以完善受教育者的身心发展为根本立足点。由于一些学生还没有形成正确完整的人生观、价值观以及世界观，因为种种原因而出现违纪违规的情况也会时常出现。对于这种现象，教育管理者就应该充分正确地发挥其管理职能，切忌只惩不戒，而是要采取一种适当的管理方式来引导并管理受教育者。在各类教育及教学活动中，教师是教育管理的施行者，其对学生进行教育的目的就是要保证学生的长远发展，培养学生各方面的能力。因而在实施教育管理的过程里，教师需要及时对每个学生的个性特点有充分的认识和了解，从而因材施教，对每个学生进行教育管理。通过教育管理权的教育性原则，让学生充分认识到教师的管理寄予着教师的爱心、善意与尊重，真正实现教育的目的。

3. 均衡性原则

在教师行使管理权利时，均衡性原则是十分重要且不可或缺的一项原则。均衡性原则的核心要求就是需要教师根据每个学生的发展状况作出综合考量，根据分析的结果选择以何种方式管理学生，从而保证照顾到每个学生的发展需求。然而，均衡性原则要求教师在行使管理权时，必须有一定的限度，只有在合理的限度之内行使管理权，并且依据一定的法律规范，才能够保障学生及其家长的权益受到法律的保护。因而，教师在行使管理学生的权利时，一定要综合考量每个学生的发展需求，保证各方的利益平衡。

4. 适度性原则

适度性原则即适度原则。在教育的管理过程中，教师的全面发展与学生的发展息息相关，时刻影响着学生的发展。教育管理要时刻关心教师的发展需求，同时还要满足教师的发展需要，教师只有充实、完善自身，得到全面的发展，才会时刻站在学生的角度，发展学生，促进学生的可持续发展。因而，教师在日常管理学生的过程中，也要注重自身的发展。这样才能在管理的过程中找到一个合理的适度的点，以保证学生的可持续发展。

对适度原则需要坚持，同时更要在管理学生的过程中去找寻管理"宽"与"严"之间的平衡点。在教育过程中，教师要对学生一视同仁，在学生遇到问题、犯错误的时候，可根据情况适当采取平和的方式来教育学生，这就是所谓的"宽"。但一味地"宽"也会产生一系列的问题，很容易使学生意识不到自身错误的严重性，导致其自我意识增强，进而引发新问题。因而，在某些方面，教师要对学生采取"严"的管理模式。教师要对学生进行严格的管理与要求，而这里的严格并不是严厉、体罚，而是要以一种严格的姿态处理学生的问题。过于严厉的管理容易使学生不能很好地释放自己的个性，甚至还会带来反作用，造成学生的逆反心理，同样也会压抑学生的创造性和自我的发展。对学生进行适度的管理是必不可缺的教育管理手段，教师要在发展自身的情况下准确把握管理学生"宽"与"严"的平衡点，掌握好管理的尺度，"宽""严"结合，从而保证教师在行使管理学生权利时的合理合法性。

对比例性原则、教育性原则、均衡性原则以及适度性原则的分析，有助于我们从这四个方面入手，为义务教育阶段教师管理权边界的设立提供建立准则。比例性原则要求教师在行使管理权时要采取对学生侵害最小的方法；教育性原则要求教师能够以学生为本，因材施教，根据每个学生的性格特点来选择最适宜的管理方式；均衡性原则要求教师在管理权方式的选择上要考量到每个学生的发展，符合学生的发展需求；适度性原则要求教师在行使管理权的过程中要做好"度"的把握。因而，在教师管理权边界的问题上，要坚持这四项原则，在尊重教师管理权的基础上，保证教师在行使管理权时不侵犯学生的合法权益。

第六章　学生管理

第一节　学生班级管理

一、班级管理

班级管理是一个动态的过程，是教师根据一定的目的要求，采用一定的手段措施，带领全班学生，对班级中的各种资源进行计划、组织、协调、控制，以实现教育目标的组织活动过程。

班级管理是一种有目的、有计划、有步骤的社会活动，这一活动的根本目的是实现教育目标，使学生得到充分的、全面的发展。

1. 功能和目的

（1）有助于实现教学目标，提高学习效率

班级组织产生的根本原因是为了更有效地实施教学活动，因此，如何运用各种教学技术手段来精心设计各种不同的教学活动，组织、安排、协调各种不同类型学生的学习活动，是班级管理的主要功能。

（2）有助于维持班级秩序，形成良好的班风

班级是学生全体活动的基础，是学生交往活动的主要场所，因此，调动班级成员参与班级管理的积极性，共同建立良好的班级秩序和健康的班级风气，是班级管理的基本功能。

（3）有助于锻炼学生能力，学会自治自理

班级组织中存在着最基本的人际交往和社会联系，存在着一定的组织层次

和工作分工。因此，班级管理的重要功能就是不但要帮助学生成为学习自主、生活自理、工作自治的人，而且要帮助学生进行社会角色学习，获得认识社会、适应社会的能力，而这对于促进学生的人格成长是极其重要的。

2. 班级管理模式

（1）常规管理

班级常规管理是指通过制定和执行规章制度去管理班级的活动。规章制度是学生在学习、工作和生活中必须遵守的行为准则，具有管理、控制和教育作用。规章制度的制定，可以使班级各项工作有章可循、有条不紊；规章制度的贯彻，可以培养学生良好的行为习惯以及优良的班风。

（2）平行管理

班级平行管理是指班主任既通过对集体的管理去间接影响个人，又通过对个人的直接管理去影响集体，从而把对集体和个人的管理结合起来的管理方式。

（3）民主管理

班级民主管理是指班级成员在服从班集体的正确决定和承担责任的前提下，参与班级管理的一种管理方式。实质上就是发挥每一个学生的主人翁精神，让每个学生都成为班级的主人。

（4）目标管理

班级目标管理是指班主任与学生共同确定班级总体目标，然后转化为小组目标和个人目标，使其与班级总体目标融为一体，形成目标体系，以此推进班级管理活动，实现班级目标的管理方法。

3. 问题及解决

（1）当前我国学校班级管理中存在的问题

① 班主任对班级管理方式偏重专断

长期以来，分数和排名是学校和教师工作业绩的衡量指标，这导致了教师高度重视课堂教学和考试成绩，而忽视了学生的内在需求。班主任一直在做程式化的教育教学工作，他们最关心的是如何让学生在考试中获得好成绩，确保班级的成绩在学校中的排名和让学生服从老师，以维护教师的权威不受侵害，使学生服从教师指挥，而学生必须被动地按照教师的要求去做，缺乏自主性。

②班级管理制度缺乏活力，民主管理的程度低

在班级中设置班干部，旨在培养学生的民主意识和民主作风，让他们学会自治自理。然而很多中小学的班干部相对固定，一些学生形成了"干部作风"，不能平等地对待同学，而多数学生却缺少机会。学生在社会环境及部分家长的影响下，往往把"班干部"看成是荣誉的象征，导致多数学生在班级管理中缺乏自主性。

（2）我国学校班级管理中存在的问题的解决策略

要解决我国学校班级管理中存在的问题，必须建立以学生为本的班级管理新机制，在班级管理中，只有确立学生的主体地位，才能从根本上解决班级管理中存在的问题。这就要求做到以下几点。

①以满足学生的发展为目的

学生的发展是班级管理的核心。纪律、秩序、控制、服从是传统班级管理所追求的目标。在现代教育活动中，班级活动完全是培养人的实践活动，满足学生发展的需要既是班级活动的出发点，又是班级活动的最终归宿。班级管理的实质就是让学生的潜能得到尽可能的开发。

②确立学生在班级中的主体地位

发展学生的主体性是学校管理的宗旨。现代班级管理强调以学生为核心，尊重学生的人格和主体性，充分发挥学生的聪明才智，发扬学生在班级自我管理中的主人翁精神。要建立一套能够持久地激发学生主动性、积极性的管理机制，确保学生持久发展。

③有目的地训练学生进行班级管理的能力

要实行班级干部轮换制，让每个学生都有锻炼的机会，并学会与人合作。以训练学生自我管理能力为主的班级管理制度改革的重点是：把以教师为中心的班级教育活动转变为学生的自我教育，即把班集体作为学生自我教育的主体。具体的做法包括：适当增加"小干部"岗位，并适当轮换；按照民主程序选举班干部；引导学生干部做"学生的代表"；引导学生"小干部"做好合格的班

级小主人。

二、班级管理存在的问题及解决办法

班级是学校的基本单位，也是学生在校学习、生活、活动的主要场所。班级管理是学校管理的基础，一个学校办得好坏，关键是看各个班级的管理，因此，抓好班级管理显得非常重要，它是落实教学常规，完成教育教学目标，促进学生身心健康发展的根本保证。

随着时代发展，社会进步，学生接收到的各种信息有所增多，他们的思维越来越活跃，思想越来越复杂，给班级管理带来许多困难和挑战。因此，作为班主任不能用老眼光看待当今的学生，工作方法不能一成不变，应该与时俱进，创新工作方法，加强班级管理。

1. 目前班级管理面临的困难和新的问题

（1）学业负担对班级管理的影响

从当前形势来看，一些学校仍然片面追求升学率，忽视学生的其他素质的发展，学生的书包越来越重，只重视学习成绩，不重视其他活动，这就造成班级两极分化严重，部分学生产生厌学情绪，学生心理压力大，经常处于紧张状态，心情烦躁，失眠，稍有一点儿矛盾就吵嘴，甚至打架斗殴，这些都影响了班级的团结、和谐稳定，给班级管理带来了不稳定因素。

（2）社会不良风气对班级管理的影响

当前我国经济飞速发展，社会发展日新月异，社会情况正在发生着复杂而深刻的变化，社会上的一些不良风气，如个人主义、拜金主义、享乐主义等消极腐朽思想给青少年学生带来了极大的负面影响，左右着青少年学生的价值取向，传统的伦理道德、审美情操在青少年头脑中的地位越来越低。

（3）家庭教育对班级管理的影响

现在的孩子在家里备受宠爱，要什么有什么，生活无忧无虑，少数家长对孩子过于溺爱，百依百顺，因此养成他们个性强，唯我独尊，自尊心强，一副"小皇帝"的样子。这样的孩子到了学校，容不得半点儿批评，经受不住一丁点儿挫折，稍有不顺心的事就逃学，甚至会对老师、家长进行威胁。这些给班级管理带来很大困难，对班主任的工作提出了极高的要求：在批评教育时必须把握好度，既要能达到目的，又不能伤害学生的自尊心。

（4）留守儿童给班级管理带来的新问题

随着我国经济的高速发展，外出务工人员越来越多，因此留守儿童的数量逐年增加。

这些留守儿童要么被交给祖父母监管，要么被托付给亲戚朋友，甚至是自己一个人在家，自己管自己。这些孩子由于父母不在家，缺乏父母的关爱和教育，平时在家的生活学习缺乏有效的监管，给班级管理提出了新的难题。如何对这些留守儿童进行教育，如何监管他们节假日的学习生活，都是班主任值得思考的问题。

2. 加强班级管理的方法

（1）认真做好学生的思想政治工作

① 班主任要怀着"爱心"去做学生的思想工作

班主任要真心去爱每一位学生，给学生一种最深情、最无私和最伟大的父母一样的爱，既要关心学生的学习，也要关心学生的身心健康。在日常生活中，对学生要热情诚恳，体贴入微，只有这样才能使学生更亲近老师，更尊敬老师，从而虚心听从老师的教诲，执行老师的要求。在此基础上，班主任要给学生正确的评价，根据学生爱表扬、怕批评的心理，做到多表扬、少批评。班主任对学生的肯定性评价能使学生产生成就感，从而激发他们的学习动机和进取的信心。批评前，要弄清事实，对不同性格的学生进行恰当的批评，绝对不能挫伤学生的自尊心和自信心。

② 多角度地开展思想教育工作

抓思想政治工作要先从礼貌教育开始，礼为德之道，一个没有礼貌的人，他的道德就无从谈起。我们国家从传统上讲是"礼仪之邦"，古人对"礼教"非常重视。道德教育是一切教育的根本，而中小学生是道德教育的重点人群，所以必须依据其年龄特征和受教育的程度对其进行道德教育，使他们懂礼貌，知人伦，敬师长，爱幼弱，尊他人，有教养。

理想教育要联系实际，切不可空谈大道理，且必须跟建立美好的家庭、促进当地经济发展、推动社会进步有机地联系起来，这样才能给每个学生找到奋斗的动力。可以请老红军、老模范、老干部当义务辅导员，给学生讲革命传统，讲老一辈革命家艰苦奋斗的故事，谈如何树立崇高的理想，以激励学生们的学习热情，明确奋斗目标。

（2）努力提高班主任的班级管理能力

目前仍有不少班主任观念陈旧，自觉或不自觉地阻碍学生的发展，如以"罚"代"教"，学生犯了错误，不去做耐心细致的教育，而是体罚或变相体罚学生，有的班主任不能驾驭自己的情绪，随意训斥、讽刺学生，使学生经常处于一种恐惧与紧张之中，久而久之，师生之间形成一道鸿沟，不利于班级管理工作的开展。

面对新的形势和任务，班主任必须加强学习，勤于思考，转变观念，努力提高自身的业务素质和工作能力，加强业务学习，提高管理水平。要当好一个班主任，就必须认真学习《教育法》《义务教育法》《教师法》《未成年人保护法》《教师职业道德规范》《班主任工作手册》，以及《中学生守则》《中学生日常行为规范》，通过学习这些法律法规，规范自己的班级管理方法，为班级管理提供法律保障，规范自己的教育行为，另外，要向先进班主任学习，学习他们的成功经验、先进的管理方法，以此提高班级管理水平。

（3）严于律己，树立形象

要求别人做到的，必须自己首先要做到，这是任何一个管理部门都会对管理者提出的最基本的要求，也是管理好一个集体的重要保证。如果一味要求别人怎么做，而放松自己，那么不但给管理带来很多麻烦，还会给集体造成诸多消极的、负面的影响，管理一个班级也是如此。教师在学生心目中是很神圣的，有什么样的班主任就会带出什么样的班级，教师的每一句话、每一个举动都会给学生留下深刻印象，同时，学生也模仿着教师的言行，并生根定型，所以，教师要言行一致，以身作则，如要求学生爱卫生、不说脏话、上课不迟到、讲诚信，班主任首先就要做到，要以身作则，这样才能在学生面前树立威信，班级管理才能落到实处。

3. 加强班级管理的措施

（1）加强制度建设，形成良好班风

学生在校学习、生活的环境主要是班集体，而班级的人际环境、心理环境、学习环境是否有利于学生的健康成长，关键是班风、班规、班貌建设的好坏，因此要做好学生的思想动员工作，让其明确学生守则，明确学生日常行为规范，明确学习目标，还要根据班上学生的实际状况制定出个人、小组、班级的有关规章制度。如：考勤制度，作业收发制度，卫生值日制度，公物保管制度，干部工作制度，全班周小结、月评比制度和奖惩制度等，让每个学生制订一学期或一学年的学习目标和具体的学习计划，执行制度一定要严，要公平公正，一视同仁，让制度真正落到实处，这样才能形成良好班风。

（2）加强班干部培养，形成班集体核心

班干部是班主任和其他老师的得力助手，让他们在班上进行管理，学生易于接受。培养班干部，既在集体中树立了典型，又使班干部本身得到了锻炼，还为老师分担了工作，可谓"一举三得"。班主任要物色好德、智、体、美、劳全面发展，热爱集体，思想正派，热心班务，有一定组织能力，在同学中有一定威信的学生担任班干部，建立好得力的班委会。班主任要经常对班干部的工作进行指导，如引导他们分析班上取得的成绩、存在的问题，指导他们制订工作计划，研究解决问题的措施等，帮助他们独立完成各项工作任务。

（3）开展丰富多彩的班队活动是搞好班级管理的有效途径

学生的优良品德和良好的习惯可通过活动培养起来并得以巩固，班队活动是班主任向班集体进行思想品德教育的基本形式，开展班队活动，有利于培养学生对集体的责任感、荣誉感、自豪感，有利于锻炼学生的组织能力和创造精神；同时还有利于培养学生的团结、合作、自主竞争意识，增强凝聚力。活动形式要多种多样，在班内开展的活动可分为两大类，一类是常规活动，如组建乒乓球队，建立学习小组，开展兴趣小组活动等；另一类是主题性活动，如主题班会、主题队会、科技制作、小发明等，组织好这些活动，对于学生间增强团结，相互了解，有不可小视的作用。

（4）注重与家长联系，获得家长的支持和配合是搞好班级管理的重要因素

从学生的成长阶段来说，他们所受的教育主要是学校教育和家庭教育。管理制度的实施，班队活动的顺利开展，都离不开家长的支持和配合。所以，在班级管理过程中，班主任应主动与家长联系，沟通感情，互通信息，相互了解，谋求一致，从而采取协调的步骤。在与家长的接触中，要尊重家长的人格，态度要诚恳，认真听取家长的意见和建议，以改进自己的班级管理工作。班主任不能等学生有了问题才找家长，当学生有进步、取得了成绩时也要向家长汇报。这样做才会得到家长的信任和支持，树立班主任的威信，使班级管理与家庭教育协调一致，相互配合，形成教育合力。

第二节　学生课外活动管理

一、寄宿制小学课外活动管理

1.重视寄宿制学校的综合建设

国家要对我国寄宿制学校拥有足够的重视，在学校建设、制度规范和学校条件改善方面做足充分的准备，加大对寄宿制学校的经费投入，完善学生的住宿条件，提高寄宿制学校的伙食水平，重视学校师资力量的培养，通过政府加大经费投入，使寄宿制学校管理、教学水平都上一个台阶，深入贯彻我国义务教育。在此基础上，应加大寄宿制小学的安全检查力度，排除安全隐患，时刻重视食品安全，对食堂卫生、宿舍卫生进行每周一次或者每周两次的检查，避免传染性疾病的流行，所购置的教学设备、住宿设备、餐饮设备等必须达到国家安全标准。

2. 加强食堂安全管理，为学生提供更好的后勤保障

（1）以招标的形式将食堂外包给大型餐饮企业进行统一管理，避免聘请不明背景的社会人员进行餐饮管理，对食堂餐饮人员的健康证明等必须严格要求，拒绝聘用有过恶性病史的人员，时刻对食堂安全进行全方位监管。

（2）用新型的思维方式和管理模式进行食堂管理建设，比如每个月由专业营养师制定学生营养菜谱，学生统一用餐，由学校向学生家长统一收取伙食费，这样不仅能保障学生的营养均衡，还能简化用餐程序，减少食堂的工作量，更能使家长放心，克服学生挑食或不按时就餐、喜欢吃零食的坏习惯。

（3）对寄宿制学校食堂的管理任重道远，要严格明确管理机构职责范围，权责分明，避免出现事故之后互相推诿的现象，制定严格的职责范围，每一个管理人员都要履行岗位职责，不得擅离职守，制定明确的餐厅管理制度。对学校食堂的菜品供应商要实行定点采购，选取最健康、安全的菜品供应商，避免污染出现在食材上，管理者和医务人员都要对菜品的安全程度进行担保。对于食堂的规范管理，在用人方面同样不可掉以轻心，要严格把关，安装 24 小时监控摄像头，将洗菜、做饭、学生用餐等所有程序都纳入到监控之中，使学生、家长和老师都放心。

3. 加强学生的课外活动机制，规范学生课余生活

（1）加强对生活老师的培养，学生的住宿问题是一个十分重要的问题，这关系到学生能不能有健康合理的休息时间，是否有精力进行更好的学习和生活，因此，寄宿制小学在抓好学生学业的同时，还要对其生活做到充分的管理。生活教师是专门管理学生生活起居的老师，充当了临时家长的身份，他们不仅是学生住宿的管理者，更要保障学生的住宿安全，甚至心理健康。小学生依赖心理较强，寄宿制学校又是长时间见不到父母的学校，难免会导致学生有心理波动，这就需要生活老师对学生进行生活指导、心理辅导，付出心血和爱，帮助学生培养自立自强的生活态度。

（2）充分做好寄宿制小学安全管理。小学生正处在活泼好动的阶段，对任何事情的好奇心都很强，因此在监护人不在场的情况下很难避免意外情况的发

生，这就要求学校充分进行学生安全管理。安全管理不应只是简单粗暴地对学生进行人身限制，而是应该加强安全意识教育，使学生充分理解安全的重要性，这样才能有效避免安全事故。在保证学生的课外活动的同时，加大师资力量的调配，在早操、班会、运动会、早午晚就餐等学生量密集的情况下进行充分的安全维护。

（3）在学校组织课外活动时，要注重卫生管理，不仅要使学生注重个人卫生，更要教育学生养成社会公德心，瓜子皮、零食袋等不要随手乱扔，不要随地吐痰、大小便等，更不要随意吃路边摊的小吃，避免食用不洁物品导致肠胃不适等。

4.通过课外活动培养学生的社交能力

小学生由于年龄小，尚不足以拥有充分的能力进行自我保护，许多学生在家里被父母溺爱，社会交际能力欠缺，课外活动恰恰为学生提供了一个与同龄人交往的平台，在活动中，学生可以与同龄人一起上课、玩耍，一起完成老师布置的作业，一起解决困难等，不仅培养了学生的社会交往能力，更使学生很快地融入学校这个大家庭中来。

生活指导老师不可能全程跟踪学生，应把工作重点放在中午、晚上对寄宿生的管理。此外，充分发挥"室长"的作用，每学期开学初对"室长"进行一系列的培训与指导，指导的内容要涵盖宿舍卫生的检查督促，物品的管理，口杯、牙刷、鞋子等的摆放，毛巾的悬挂，三餐的分配……生活指导老师对宿舍的管理要统一细化，责任到人，做到大到宿舍管理，小到关灯、物品摆放，都有专人管理。为宿舍内的每一件物品都设立"小小管理员"，每日进行检查，发现问题及时整改，形成"人人有事做，事事有人管"的氛围，这样既减轻了生活老师的工作负担，又培养了学生的管理能力。

要加强检查评比。针对住校生实际状况，学校要制定就餐、就寝、卫生保持、卫生打扫、寝室内物品摆放等方面的规章制度并进行严格的检查评比。通过一周一小评、每月一小结，评选出模范寝室、文明住校生、优秀室长，并给予一定物质奖励，以调动学生的积极性。

5. 开展文体活动，让学生"乐不思家"

住校生在校时间长，当上完一天的课，有些住宿生难免有想家的念头，特别是年龄较小的学生，会感到孤单。为使学生消除孤单感，学校应创造条件，广泛开展各类文体活动，以丰富学生在学校的住宿生活，例如，组织学生看电视、下象棋、做游戏、举办文艺联欢晚会、举行各种球赛、到图书阅览室遨游于知识海洋、为留守儿童过生日，等等。这样住宿生会很快爱上学校生活，觉得学校生活很充实，感受到学校大集体的温馨快乐。

二、中职学生计算机课外活动

1. 课外活动的设计

（1）课外活动的目的

其目的是以计算机学科课外活动的趣味性，来吸引学生转变学习惰性；用计算机学科网络知识的大容量和易于查询的特点，来培养学生的自学能力；通过计算机程序设计的模块化设计特点或者 Office 系统的图文混排的功能进行任务分割，来培养学生的团队合作精神，同时将计算机的功能引入日常的学习生活中。如开展在计算机中对墙报排版、各种学生活动方案设计、动画设计、网页设计、网站维护、室内装饰设计、模型设计、服装设计等活动，以引起学生浓厚的学习兴趣，将枯燥难学的知识技能融汇于趣味性、娱乐性较强的课外活动之中，增强其学习毅力，调动非智力因素的积极性。通过方案设计和活动内容的组织，使学生由厌学、弃学到愿学、会学，提高学生的自学能力，培养学生的团结协作精神，以及提高学生的思想道德素质，使学生按国家教育方针的要求成长，使学校达到教书育人的目的。

（2）课外活动设计要求

①必须有详细的活动方案、内容以及过程要求，每一个步骤都必须有可操作性；②活动必须有针对性（按教育教学目的进行分组）和阶段性；③教师必须给出方向性指导并进行跟踪检查，随时进行提示和指导；④活动必须有较强

的趣味性；⑤活动必须在一定程度上结合课堂教学内容；⑥活动方式和评价方式必须多样化，评价机制必须注重保护和激励学生的活动积极性。

2.利用计算机课外活动进行心理健康教育

学习是学生的第一要务和主导活动，中等职业学校学生的身心发展也主要是通过学习得以实现的。中等职业学校教育阶段是中职生学习与发展的重要时期，而心理问题也是中职生最普遍、最常见、最突出的问题，主要表现在如下几个方面。

（1）学习目标不够明确。多数学生对进入职业学校学习认识不足，信心不高，甚至没有学习的目标，因而学习态度不够认真。

（2）学习动机不明。不少学生对学习的认知内驱力不足，不知道在中等职业学校里学什么，为什么而学，怎么学，因而对学习没有兴趣，只想找份工作，忽略基本技能和综合素质的培养，甚至很多学生家长也有如此想法。这就造成学生缺乏学习动力，不主动学习甚至不愿学习。

（3）学习习惯不良，学习方法不当。

（4）社会情感冷漠，不关心他人，不关心集体。

解决以上问题的方法也许有很多，但是对于计算机专业的老师来讲，最有效的方法就是利用计算机的特点，设计出趣味性较大的课外活动。如大部分学生都喜欢玩游戏，我们可以选择趣味性较强的练习软件，如抓小偷、小蜜蜂等，利用学生喜欢游戏的特点，引导学生设计游戏或者破解游戏，当然我们要从最简单的动画或者游戏开始，到了第三、四学期可以设计学生管理系统，包括学生档案管理、学生成绩管理，将学生进行任务分组，锻炼学生的团队精神。只要我们给学生以希望，付出我们的耐心和细心，把握循序渐进的原则，设计好每一次活动，我们就一定能看到学生的良好转变。

3.利用课外活动进行逻辑思维能力的培养

智力的核心是思维。思维对知识、智力的开发起着关键性的作用。在计算机课外活动中培养和发展学生的思维能力，主要从以下几方面入手。

（1）在教学过程中，一切教学措施的成效最终都必须通过学生的学习活动体现出来。所有知识的接受和智力的开发都要靠学生的积极思维。而思维必须在每个人的头脑中进行。教师无法用任何方式来代替学生的思维活动，因此，在培养和发展学生思维能力的过程中，首先要培养学生独立思考的习惯，提高学生思维的自觉性。

（2）兴趣是求知的起点，也是思维的一种动力。学生的学习欲望和兴趣总是在一定的情境中发生的。大部分学生喜欢较为灵活的教学方式，喜欢趣味性较强的活动，可以以此为契机激发学生的学习积极性。

（3）当学生在上机操作中达不到预期的结果时，教师应及时引导学生解决"为什么""与预期的结果差别在哪里""怎么办"这三个问题，这样即可达到训练学生思维能力的目的。

要特别注意的是，教师要与学生平等地探讨问题，不要强迫学生接受自己的意见或建议，而是要鼓励学生沿着自己的思路走下去，逐步提示学生思考，让学生去品尝自己想出"好主意"的乐趣，让学生在不断的探索中锻炼成长。

要让学生在思考与操作中不断探索，不断总结经验教训并进行自我调整，只要坚持培养下去，学生就会有所发现，有所创新，使思维能力不断提高。

4.建立客观科学的计算机课外活动评价机制

计算机课外活动的评价是对学生成果的评价，是对学生努力的肯定，若做得好能使学生获得成就感，并激励学生继续努力，同时带动更大范围的学生参与进来，若做得不好则是对学生积极性和信心的伤害；计算机课外活动的评价，不但是对教学的考核、反馈、评定和激励，也是改进和提高教学效果的有力手段，是教学过程的重要组成部分。对于具体评价内容和要求，这里认为可从如下方面考虑。

（1）活动目的：①参加课外活动的学生除了掌握基础知识外，还应进行一些操作技能的训练；②在活动过程中注意培养学生发现问题、解决问题的动手实践能力和自主学习的习惯和能力等；③培养学生良好的心理素质，如忍耐力、自学能力、团队协作能力等。

（2）活动内容：①活动内容要符合学生的实际需要，系统性地进行下去；

②活动内容要有突出的重点，做到有的放矢；③活动内容要有利于学生掌握基本技能技巧，有利于今后的学习深造。

（3）活动成绩效果：①通过学生自我分析和测试进行综合评述；②通过阶段性测试方式，了解学生对知识掌握的程度以及实际取得的成绩。

（4）活动总结：总结的目的是总结每次活动的得失，从组织者到参与者，从教师到学生都要进行总结，并在活动中不断改进。

三、高职学生课外活动的作用

高职学生课外活动的作用主要体现在以下几点。

1. 课外活动有助于提高高职学生的学习效率

高职学生课外活动最明显的作用就是有利于学生学习效率的提高。高职院校开展的课程内容主要是一些操作性非常强的专业知识，通常这些知识枯燥抽象、难以理解，所以说，学生若一直沉浸在这样的学习状态下，很容易产生疲劳感，进而在潜意识里排斥所学的内容，如此一来，学生就没有了学习兴趣，学习效率自然比较低。科学研究表明，如果人一直处在某种环境中，或者大脑始终接受同一事物，就会产生记忆疲劳，面对这样的情况，若每隔一段时间做出一定的变化和调整，那么大脑的记忆能力将会成倍提升。高职学生的学习也是如此，而在学生长时间学习专业知识后，抵触心理产生以前，组织学生进行合适的课外活动，就可以把学生从繁重的学业中带到比较轻松的氛围里，如此一来，学生再进行专业学习的时候，学习效率就会提高。因此，课外活动对高职学生学习效率的提高的作用是毋庸置疑的。

2. 外活动是全面发展高职学生能力的必然要求

高职院校学生的全面发展离不开课外活动的帮助。时代的发展使得社会步入一个全新的模式，行业的竞争更是为社会的发展注入了新的活力。在这样的背景下，社会对人才的需求也发生了重大的改变，在今天的社会，不管是怎样的行业，需要的人才都是全面发展的人才，而那些只有某一方面的特长，在其他方面没有任何能力的人，已经无法满足社会需求。所以说，针对这样的现状，高职院校在重点培养学生某一专业领域的技能的同时，也必须保证学生其他方面能力的全面发展。我国的教育体系，从小学开始就不断强调素质教育。对于高职院校而言，增加学生的课外活动，是全面提高学生能力的重要方式。一方面，通过课外活动，高职学生可以发现自己的特长，进而在这一领域有更好的发展；另一方面，课外活动也使得学生能够在专业技能课程之外接受更多的其他方面的知识，这样学生掌握的内容也就不会太单一。因此我们认为，课外活动是全面发展高职学生的必然要求，只有通过更多的课外活动，才能使学生获得专业课之外的知识内容，真正实现学生的全面发展。

3. 课外活动是增进高职学生和教师交流的有效路径

在教学环节，学生与教师之间的交流是不可缺少的。一方面，教师与学生的交流可以增进教师与学生之间的感情，有时候，学生和教师的感情对教学目标的实现非常有帮助，如果教师和学生相处融洽，学生就会愿意接受教师的课程，在课上也会有更积极的表现，这样，学生的学习效果自然会有所提升；另一方面，教师与学生的交流能够使教师更了解学生，更加深入地掌握学生学习情况的信息，这样，教师就能及时发现教学中存在的问题并改进。通过课外活动的开展，高职学生可在课堂之外与教师有交集，由于此时抛开了课业压力以及课堂中教师与学生的地位隔阂，学生与教师的交谈会比较放得开，很多课堂中不能交流的内容就可以通过课外活动进行交流。因此，课外活动的开设为教师和学生创造了更多平等交流的机会，这样的交流对于高职学生的学习是非常有帮助的。总之，在高职院校，课外活动是增进教师和学生交流的重要途径。

4. 课外活动是实现高质学生学校生活与社会生活接轨的重要方式

除了以上提到的三点外，高职学生的课外活动还有另外一个作用，即它是实现高职学生学校生活与社会生活接轨的重要方式。校园生活简单而单纯，每天的理论课业学习是学生的主要，甚至是全部的学习内容，但是社会生活有所不同，学生一旦走上工作岗位，除了一般的工作任务之外，还需要面对很多其他的内容。首先，学生要面对的问题就是如何处理好与其他同事、领导的关系，这些内容学校的课堂上通常没有，但是通过学校设定的一些课外活动，学生可以接触到它们；其次，学生需要学会做好应急处理，有时候工作中需要解决的问题非常棘手，或者发生得很突然，这样就要考验学生的应急能力，而应急能力的锻炼也需要课外活动的帮助。总之，对于高职院校的学生而言，从校园生活向社会生活迈步，从校园走向社会的过程，离不开课外活动的开展。所以说，课外活动是实现高职学生学校生活与社会生活接轨的重要途径和方式。

参考文献

[1] 陈孝彬 . 教育管理学（第三版)[M]. 北京：北京师范大学出版社，2008.

[2] 范国睿 . 学校管理的理论与实务 [M]. 上海：华东师范大学出版社，2003.

[3] 安文铸 . 现代教育管理学引论 [M]. 北京：北京师范大学出版社，1995.

[4] 安文铸 . 学校管理研究专题 [M]. 北京：科学普及出版社，1997.

[5] 冯大鸣，吴志宏 . 教育管理学参考读本 [M]. 上海：华东师范大学出版社，2002.

[6] 李保强 . 学校管理学 [M]. 北京：高等教育出版社，2002.

[7] 陈桂生 . 到中小学去研究教育 [M]. 上海：华东师范大学出版社，2000.

[8] 范国睿 . 多元与融合：多维视野中的学校发展 [M]. 北京：教育科学出版社，2002.

[9] 孙灿成 . 学校管理学概论 [M]. 北京：人民教育出版社，2000.

[10] 冯大鸣 . 沟通与分享：中西教育管理领衔学者世纪会谈 [M]. 上海：上海世纪出版社，2002.

[11] 周三多 . 管理学原理与方法第六版 [M]. 上海：复旦大学出版社，1997.

[12] 黄云龙 . 现代教育管理学 [M]. 上海：复旦大学出版社 1993.

[13] 黄崴 . 教育管理学：概念与原理 [M]. 广州：广东高等教育出版社，2002.

[14] 黄志成，程晋宽 . 现代教育管理论 [M]. 上海：上海教育出版社，2001.